Macht ohne Kontrolle:
Die Troika

*

Harald Schumann und Ute Scheub

Macht ohne Kontrolle: die Troika

Eine griechische Tragödie und
europäische Groteske in fünf Akten

Harald Schumann und Ute Scheub:
Macht ohne Kontrolle: die Troika. Eine griechische Tragödie
und europäische Groteske in fünf Akten
ISBN: 978-3-9523955-4-7

Satz: Zeitpunkt, Solothurn
Umschlaggestaltung: Vincent Grand unter Verwendung
einer Fotografie der Laokoon-Gruppe von Livio Andronico
Korrektorat: Hannah Willimann
Produktion: Synergia Verlag und Mediengruppe, Darmstadt
Printed in the EU
© 2015 Harald Schumann, Ute Scheub und
edition Zeitpunkt
Werkhofstr. 19, CH-4500 Solothurn, edition.zeitpunkt.ch

Inhalt

1. Akt: Prolog — 9

2. Akt: Griechenland 2010-2014 — 17

3. Akt: Die Troika zieht weiter – Irland, Spanien, Portugal — 35

4. Akt: Die Troika zieht nach Zypern — 61

5. Akt: Das Scherbengericht über Griechenland 2015 — 79

Epilog, Katharsis und Exodos — 95

Vorbemerkung zu den verwendeten Quellen:
Die Interview-Passagen sind den Arte-Filmen «Staatsgeheimnis Bankenrettung» und «Macht ohne Kontrolle – die Troika» von Harald Schumann und Árpád Bondy entnommen. Es handelt sich also um Originalzitate.

Den Worten des «Erzählers» liegen grösstenteils weitere Texte von Harald Schumann zugrunde, die im «Tagesspiegel» veröffentlicht wurden. Die Worte der «Erzählerin» stammen weitgehend von Ute Scheub, ebenso die Form der Bearbeitung und die Bühnenfiguren.

Im «Chor der Boulevardjournalisten» wurden größtenteils Schlagzeilen der «Bild»-Zeitung verwendet.

1.Akt: Prolog

Ein riesiges altes Amphitheater unter nächtlichem Himmel. Die Zuschauerränge rund um die Bühne in der Mitte sind voll besetzt. Die Bühne besteht aus einem großen steinernen Platz für die Darstellenden; an ihrem nördlichen Ende steht eine mächtige Leinwand. Im Publikum herrscht erwartungsvolles Schweigen.

Von den oberen Zuschauerrängen herunter zieht eine Gruppe Klageweiber in schwarzen Kleidern und mit schwarzen Masken auf die Bühne, weinend, sich die Haare raufend.

Die Frauen in der Mitte der Gruppe tragen eine Totenbahre – darauf Dimokratía, bleichen Gesichtes, die langen dunklen Haare wirr und verdreckt, der Körper unter einem blutig erscheinenden Leichentuch versteckt. Dahinter viel einfaches Volk, Frauen und Männer in bunten Kleidern, die dem Zug folgen.

Chor der Klageweiber:
Ach, was ist mit dir gescheh'n, Dimokratía?
Wir weinen, klagen über deinen frühen Tod.
Sag an, was ist gescheh'n, Dimokratía?
Ach, du wirst nun nie mehr reden.
Dein schöner Mund wird schweigsam bleiben.
Ach, wie trauern wir um dich, du Schöne.
Wir klagen, dass du uns so schnell verstorben.
So rasch verlässt du uns, du Holde.

Wütende Stimme aus der Gruppe des einfachen Volkes: Mord! Es war Mord!

Chor der Klageweiber:
Dimokratía hießest du, du bleiche Schöne.
Kratía heißt die Herrschaft, und Demos ist das Volk.
Die Volksherrschaft der Freien, Gleichen.
Als Zustimmung und Mitwirkung der Bürger.

Geboren im antiken Griechenland.
Zweitausend und sechshundert Jahre ist das her.
Die Bürger in der schönen Stadt Athen
Sie war'n die Ersten...

Meckerdemonstrantin: So ein Quatsch! Nur die reichen Männer hatten was zu sagen. Frauen, Sklaven und Ausländer hatten damals kein Recht zu gar nichts, außer zum Ausgebeutetwerden. Und so ist es geblieben in Europa bis heute!

Chor der Klageweiber *(unbeirrt)*:
... sie trafen sich und sahen sich als Freie
Mit Rechten ausgestattet zu regieren.
Zur Freiheit, formulierte Aristoteles,
Gehöre es, im Wechsel zu regieren
Und regiert zu werden.
Das Volk, es wähle seine Lenker selber,
Die Klügsten und die Besten.
Und wenn dies nicht der Fall,
Dann ab mit ihnen in den Orkos!
Gesetze seien die Gesetze aller
Gesetzt vom Parlament der freien Bürger
Und nicht aus der Tyrannen Mund gespien.
So wollt` es auch Europa hier und heute.
Es wählte dich, Dimokratía
Zur Herrschaftsform des Volkes.
Doch ach, du Schöne, Holde,
Nun bist du tot. Und wer hat dich gemeuchelt?

Meckerdemonstrant: Das wisst ihr doch! Reißt den Mördern die Maske vom Gesicht!

Chor der Klageweiber:
Wir tragen alle Masken, wie in der Tragödie üblich.
Nicht nur die Götter, auch die Menschen hier.
«Tragödie» heißet wörtlich «Bocksgesang», Gesang der Böcke.

Erzähler: So höret denn, ihr Leute, wer dies alles hier verbockt hat. In Athen im Frühling 2010 hat es begonnen. Der griechische Staat war überschuldet, aber die anderen Staaten der Eurozone wollten unbedingt einen Bankrott vermeiden, weil ihre Banken die griechischen Schuldtitel besaßen. Deswegen sorgten die Finanzminister der anderen Euroländer mit Milliarden-Krediten aus ihren Staatskassen dafür, dass Griechenland solvent blieb. Im Gegenzug musste es sich einer Institution unterwerfen, die in keinem europäischen Vertrag und in keiner Verfassung jemals vorgesehen war. Der Troika.

Und so erhielt eine kleine Gruppe von Beamten die Macht, das ganze Land nach dem Willen der Gläubiger zu verändern und umzugestalten. Und kein Parlament hatte die Möglichkeit, diese Beamten zu kontrollieren.

Innerhalb der EU bilden diejenigen Länder, die als gemeinsame Währung den Euro haben, die Eurogruppe. Deren Regierungen, vertreten durch ihre Finanzminister, haben zu Beginn der Eurokrise 2010 den Internationalen Währungsfonds (IWF), die Europäische Zentralbank (EZB) und die Europäische Kommission beauftragt, die Regierungen der Krisenländer zu kontrollieren. Diese drei Institutionen bilden die Troika, wie «Dreigespann» auf Russisch heißt. Die Troika schickte jeweils bis zu 40 Fachleute nach Griechenland, Portugal, Irland und Zypern, um mit den Regierungen Austeritätsprogramme auszuhandeln, auch «Sparprogramme» genannt.

Diese Beamten besitzen große Macht. Sie schreiben den Ländern vor, was zu tun ist – obwohl das den Prinzipien der Demokratie und den EU-Verträgen widerspricht. Die Troika gab Notkredite erst frei, wenn die in einem «Memorandum of Understanding» festgehaltenen Maßnahmen erfüllt waren.

Das erklärte Ziel der Troika-Programme war, die Krisenländer aus der Überschuldung zu holen und ihre Wirtschaft auf Wachstumskurs zu bringen. Aber das ist krachend gescheitert. Die Staatsverschuldung in den betroffenen Ländern ist höher als je zuvor: In Griechenland etwa stieg sie von 148 Prozent des Bruttoinlandprodukts zu Beginn der Troika-Intervention bis heute auf fast 180 Prozent. Die Länder verloren ihre Wirtschaftskraft und versanken noch tiefer in der Rezession. Millionen Menschen verloren ihre Arbeit und leiden Not.

Erzählerin: Das griechische Bruttosozialprodukt ist seit 2008 um ein Viertel geschrumpft – mehr als in der Weimarer Republik in der Weltwirtschaftskrise nach 1929, was die spätere Machtübernahme der Nazis mitbefeuert hat. Nach Einschätzung unzähliger Ökonomen hat Griechenland keinerlei Aussicht, die Schulden jemals zurückzahlen zu können. Der französische Wirtschaftswissenschaftler Thomas Piketty, Autor des internationalen Bestsellers «Das Kapital im 21. Jahrhundert», drückt es so aus: «Jeder weiß, dass Griechenland seine Schulden nie komplett zurückzahlen wird, aber keiner spricht es aus.» Die Kreditgeber wissen das ganz genau und fordern trotzdem wieder und wieder, vor allem in Deutschland, «dass die eingegangenen Verpflichtungen eingehalten werden müssen.»

Chor der Götter der Troika *(aus dem Off)*: Tut Buße!
Ihr habt gesündigt und geprasst und über eure Verhältnisse gelebt.
Ihr seid schuldig, also habt ihr eure Schulden zurückzuzahlen.

Chor der Boulevardjournalisten *(aus dem Off)*: Ihr faulen Griechen! Während wir in die Hände spucken und schuften, liegt ihr in der Sonne in eurer Hängematte, trinkt Ouzo und glotzt das Meer an. Pleite-Griechen, ihr seid Lügner und Betrüger, lebt auf unsere Kosten, verderbt den Euro und verjuxt unser sauer verdientes Geld!

Bundesfinanzminister Wolfgang Schäuble *(aus dem Off)*: Verträge müssen eingehalten werden. Ein jeder kehr' vor seiner Tür, und sauber isch das Stadtquartier!

Erzählerin: Aber haben etwa die kleinen Leute in Griechenland diese Krise verursacht? Genau genommen ist sie eine Kombination von Krisen. Im Sommer 2007 ist eine gigantische Spekulationsblase auf dem Immobilienmarkt in den USA geplatzt. US-Banken hatten für den Hauskauf äußerst großzügige Kredite auch an Klienten gewährt, von denen sie wussten, dass sie diese niemals zurückzahlen konnten. Die Finanzinstitute gerieten ins Trudeln. Ähnliches passierte auf dem aufgeblähten Immobilienmarkt in Spanien. Global wurden immer mehr Unternehmen der spekulativen Finanzindustrie von der Pleitewelle erfasst, im September 2008 auch die Investmentbank Lehman Brothers. Die US-Regierung ließ sie pleite gehen. Weitere Bankhäuser und Versicherungskonzerne wie AIG, UBS und Commerzbank aber wurden gerettet, größtenteils mit dem Geld von Steuerzahlern – und so wurde die Staatsverschuldung in den Euroländern angeheizt.

2010 legte die damalige griechische Regierung ihre defizitäre Haushaltslage offen. Sie sah sich gezwungen, Kredite von IWF und EU zu beantragen, um die Staatspleite abzuwenden. Die Folge: Griechenland geriet in einen Schuldenstrudel ohne Ende. Es musste immer neue Kredite aufnehmen, um alte Kredite zu bezahlen. Ein absurdes Spiel. Ein Schuldenschnitt, bei dem die Großbanken auf einen Teil ihrer Forderungen verzichtet hätten, wäre die bessere Alternative gewesen – schon das antike Griechenland kannte dieses Instrument.

Chor der Klageweiber:
Schon der weise Staatsmann Solon
Schlichtete mit Seisachtheia
Dieses war der Schuldenschnitt:
Abschütteln von Lasten.
Zweitausend und sechshundert Jahre ist's nun her.
Ihn dauerte die Not der kleinen Bauern
Ihn dauerten die Handwerker.
Sie litten unterm Joch der Schulden
Sie konnten sie nicht mehr bezahlen
Und mussten dann sich selbst verkaufen –

Als Sklaven der Großgrundbesitzer.
Oh Götter unserer Troika,
Oh Herrscher europäischer Gefilde,
Mögt ihr ein Beispiel hier euch nehmen
An Solon, diesem weisen Staatsmann.

Erzähler: Die Krise in Griechenland ist auch dadurch entstanden, dass seine Regierungen über Jahrzehnte mehr ausgaben als einnahmen. Der Beitritt zur Eurozone und damit der Zugang zu billigem Geld verleitete griechische Politiker dazu, Tausende neuer Staatsjobs für ihre Parteigänger und Prestigeprojekte wie die Olympischen Spiele von 2004 mit noch mehr Krediten zu bezahlen, die ihnen Banken aus ganz Europa bedenkenlos gaben. Rund sieben Milliarden Euro kosteten die Sportstätten, die schon wieder verfallen.

Und noch mehr Geld wurde für die Rüstung ausgegeben. Das kleine Griechenland mit seinen vielen Inseln hat die grösste Panzerarmee Europas und – gemessen an der Bevölkerungszahl – den höchsten Wehretat der ganzen Nato. Panzer, Fregatten und U-Boote brachten französischen und deutschen Herstellern Milliardengeschäfte ein, die sie noch mit Bestechung beförderten. So waren Deutschland und Frankreich Gewinner des griechischen Schuldenbooms.

Erzählerin: Ein weiteres Problem war die Fehlkonstruktion des Euro. Die beteiligten Euroländer praktizierten zwar eine gemeinsame Geldpolitik, aber keine gemeinsame Wirtschafts- und Sozialpolitik. Die deutsche Regierung betrieb neben Lohndumping auch eine aggressive Exportorientierung ihrer Wirtschaft, ohne zu berücksichtigen, dass die Importländer die deutschen Waren auch von irgendwas bezahlen müssen. Es war nur eine Frage der Zeit, bis einige sich völlig überschuldet hatten – darunter Griechenland.

Doch was passierte dann? Entschuldigten sich Politiker für diese Fehlleistungen? Versuchten Ökonomen ihre falschen Annahmen und europäische Staatsbeamte ihre falschen Rezepte zu korrigieren? Eigentlich müsste man das doch annehmen in einer Demokratie.

Stattdessen aber, bei Zeus! - entwickelte sich eine groteske Tragödie, die ihresgleichen sucht. Mit Helden, die keine sein wollten, im Konflikt mit Göttern, die allein an sich selbst glauben, mit Schuften in Nadelstreifen, die Milliarden beiseite brachten, und ganz normalen Menschen, die unfreiwillig zu Detektiven wurden, um diese Verbrechen aufzuklären.

Was ist schon der Einbruch in eine Bank gegen die Gründung einer Bank?, hatte Bertolt Brecht gefragt. Heute lautet die Frage: Was ist die Gründung einer Bank gegen die globale Bankenherrschaft?

2. Akt:
Griechenland 2010-2014

Chor der Götter der Troika *(aus dem Off)*: Tut Buße! Ihr habt gesündigt und geprasst und über eure Verhältnisse gelebt. Ihr seid schuldig, also habt ihr eure Schulden zurückzuzahlen.

Bundesfinanzminister Wolfgang Schäuble *(erscheint auf der riesigen Leinwand der Bühne, ein Lichtstrahl beamt sein Gesicht auf die Fläche)*: Ein jeder kehr' vor seiner Tür, und sauber isch das Stadtquartier!

Antonis Manitakis, früherer griechischer Minister für öffentliche Verwaltung *(ebenfalls von der Leinwand)*: Ich wurde erpresst. Mein Land wurde gedemütigt. Eines Abends, um 23 Uhr, bekam ich von Poul Thomsen von der Troika einen Anruf: Er sagte: Es hängt von Ihnen ab, ob Griechenland die nächste Kreditrate über acht Milliarden Euro erhält oder nicht.
Herr Thomsen wollte Angst und Unterwerfung. Er wollte Rache und Demütigung und sich selbst Recht geben.

Erzähler: Wenn Antonis Manitakis von seiner Zeit als früherer Minister in Athen erzählt, kann er seinen Zorn nur schwer verbergen. Er sei «erpresst» worden, von Leuten, die «Angst und Schrecken verbreiten» – von der Troika.
30 Jahre lang hatte der 69-jährige Jura-Professor in Montpellier, Rom und Thessaloniki Verwaltungsrecht gelehrt, bis er im Mai 2012 die größte Herausforderung seines Lebens antrat: Als unabhängiger Fachmann übernahm er in dem – später abgewählten – Kabinett des konservativen Premiers Antonis Samaras das Ministerium für die Reform der öffentlichen Verwaltung – ein Wahnsinnsjob. Der griechische Staat müsse sparen und Personal abbauen, forderte die Troika. Und Manitakis lieferte. Bis zum Frühjahr 2013 war der

öffentliche Dienst von fast einer Million auf gut 700 000 Angestellte geschrumpft, weil frei werdende Stellen nicht mehr besetzt und befristete Verträge nicht verlängert wurden. «Wir schaffen das vereinbarte Ziel ohne Massenentlassung», freute sich Manitakis. Und genau das wurde sein Problem. Denn die Troika forderte, weitere 15 000 Staatsdiener zu feuern, davon 4 000 sofort.

Treibende Kraft war der Däne Poul Thomsen, Leiter der Delegation des IWF, bei welchem er seit 33 Jahren krisensicher beschäftigt ist. «Thomsen wollte Angst verbreiten, damit die anderen mehr arbeiten. Er wollte uns bestrafen», ärgerte sich Manitakis. Er dagegen wollte mithilfe der eigens entsandten Experten aus den anderen Euro-Staaten, der «Task Force», die Verwaltung tatsächlich reformieren. Die Unfähigen oder Korrupten sollten gehen, die Guten sollten belohnt werden, und das nach individueller Überprüfung. So hatten es ihm die Fachleute aus Frankreich geraten, um die Verwaltung arbeitsfähig zu halten. «Ich wollte nach Recht und Gesetz vorgehen, darum bat ich um sechs Monate mehr Zeit», erzählt Manitakis.

Doch die bekam er nicht. Stattdessen drohte Thomsen mit Kreditsperre. «Er rief mich nachts um 23 Uhr per Telefon zu sich und sagte mir, dass die Zahlung der nächsten acht Milliarden Euro nur von mir abhängig sei.» Das Geld werde nicht überwiesen, wenn er keine Entlassungsliste vorlege.

Um Thomsens Forderung zu erfüllen, schloss die Regierung Anfang Juni 2013 den öffentlichen Rundfunk und setzte 2.656 Angestellte auf die Straße, illegal, wie der Oberste Gerichtshof später feststellte. Weitere Massenentlassungen von Lehrerinnen, Ärzten und Schulinspektoren folgten. «Das sabotierte unsere ganze Arbeit, die Falschen wurden entlassen, das Projekt war tot», erinnert sich Manitakis, der daraufhin selbst kündigte.

Erzählerin: Auf eine Verwaltungsreform wartet Griechenland noch heute. Sie täte dringend not – denn um Staatsreformen durchzusetzen und Steuern einzutreiben, bräuchte es mehr gutes Personal und nicht weniger. Was in anderen europäischen Ländern an Sozialstaat mit modernen Verwaltungsstandards längst existiert, müsste in Griechenland nämlich erst aufgebaut werden. Bis 1974 herrschte dort eine Diktatur, danach ein ineffizienter Klientelstaat, den die jeweils herrschende Regierungspartei der konservativen Nea Dimokratía oder der sozialdemokratischen Pasok als ihr Eigentum betrachtete. Ob Konservative oder Sozialisten – reihum vergaben sie Posten und Pöstchen, um ihre Pfründe langfristig zu sichern und das eigene Wahlvolk ruhig zu stellen. Desorganisation war üblich, Steuerbetrug gang und gebe, das Versickern von öffentlichen Mitteln Alltag.

Europa sollte also froh sein, wenn es nun endlich einer griechischen Regierung gelänge, den öffentlichen Dienst von einem Selbstbedienungsladen der Parteien zu einem seriösen Dienstleister für die Bevölkerung umzubauen, die Günstlingswirtschaft zu stoppen und die notorisch steuerflüchtigen Reichen zur Kasse zu bitten.

Aber was geschah stattdessen? Die Troika befahl die Entlassung Tausender Staatsbediensteter.

Erzähler: Was Ex-Minister Manitakis berichtet, ist nur eine Episode in der nun schon fünf Jahre währenden Arbeit der Troika. Mit ihrem Einsatz als Kontrolleure ganzer Staaten erhielt eine kleine Gruppe von Technokraten eine Macht jenseits aller demokratischen Kontrolle.

Erzählerin: Einer, der das Unheil früh kommen sah, ist Paulo Batista, Exekutivdirektor für Brasilien im 24-köpfigen Vorstand des Internationalen Währungsfonds in Washington.

Der IWF war auf Grundlage des Bretton-Wood-Abkommens von 1944 zusammen mit der Weltbank gegründet worden. Er sollte ursprünglich nur dem Zweck dienen, die Währungsbeziehungen zwischen den Nationen geordnet zu halten. Doch nach dem Zusammenbruch des Bretton-Wood-Systems im Jahre 1973 wiesen die Regierungen in den USA und Europa dem IWF eine ganz andere Aufgabe zu. Fortan sprang der Fonds mit Krediten ein, um überschuldete Staaten zahlungsfähig zu halten und ihre Gläubiger vor Verlusten zu schützen. Zugleich wurden die IWF-Technokraten mit der Überwachung von «Strukturanpassungsprogrammen» in den betroffenen Staaten beauftragt: Etatkürzungen, Exportsteigerungen, Privatisierungen, Entlassung von Staatsbediensteten. Dies war nur möglich, weil in dem heute 188 Mitgliedsstaaten umfassenden IWF die westlichen Industriestaaten die Mehrheit der Anteile und damit auch der Stimmrechte halten – ein Relikt der Nachkriegszeit, an dem sich bis heute nichts änderte, weil der US-Kongress einer von allen anderen Mitgliedsstaaten längst beschlossene Reform die Zustimmung verweigert.

Erzähler: Batista war noch nie in Griechenland – so wie viele seiner IWF-Kollegen, die die Probleme ihrer Zielländer nur von Zahlen auf Papieren kennen. Aber seine Heimat Brasilien stand selbst einst unter Kuratel des Fonds, das schärfte seinen Blick. Der Ökonom erinnert sich noch gut an die Tage im Frühjahr 2010, als es in den Vorstandsbüros im 12. Stock der IWF-Zentrale in Washington hoch herging. Die Europäer drängten auf die Beteiligung des Fonds an den Notkrediten für Griechenland, aber die Experten des IWF waren dagegen. «Sie hatten große Zweifel, ob das Land den Kredit zurückzahlen könnte, die Verschuldung war zu groß», bestätigt Batista, was offiziell bisher verschwiegen wurde. Nach den Regeln des Fonds hätte der Antrag abgelehnt werden müssen. Gemeinsam mit den Vertretern Indiens, Russlands und der Schweiz mahnte Batista damals, die geplanten Kredite würden lediglich «private durch öffentliche Finanzierung ersetzen». Insofern könne es «nicht als Rettung von Griechenland gesehen werden, das sich einer schmerzhaften Anpassung unterziehen muss, sondern als Rettungspaket für die privaten Gläubiger von griechischen Schulden, vor allem europäische Finanzinstitute». Es wäre «viel besser für Griechenland, einen Schuldenerlass zu verhandeln», forderte der IWF-Dissident.

Harald Schumann *(von der Leinwand)*: *Damals, als die Entscheidung getroffen wurde – hat man da nicht über einen Schuldenerlass diskutiert, um die griechischen Staatsschulden auf ein erträgliches Maß zu bringen? Das wäre doch der wirtschaftlich vernünftige Weg gewesen.*

Paulo Batista *(von der Leinwand)*: Genau das habe ich in unserem Papier geschrieben, das wir dem Vorstand vorgestellt haben. Für Griechenland wäre eine Umschuldung gleich zu Beginn besser gewesen.
Das war die große Frage, die im IWF zu jener Zeit aufkam. Nach dem Reglement des IWF konnte das nur geschehen, wenn die Schulden des Kreditnehmers als nachhaltig angesehen wurden. Das heißt, fristgerecht rückzahlbar. Und die IWF-Mitarbeiter sträubten sich dagegen, das zu bestätigen. So geschah es, dass die Regeln der Lage angepasst wurden. Das war ein ziemlich schlechter Moment für den IWF.
Ein neuer Passus wurde eingefügt: Der IWF darf einem Mitgliedsstaat eine riesige Summe Geld leihen, selbst wenn die Schulden mit großer Wahrscheinlichkeit nicht zurückgezahlt werden können.
Die internen Regeln des IWF wurden über Nacht nur wegen Griechenland geändert?
Mich hat damals besonders die intransparente Art gestört, in der die Regeln geändert wurden. *(lacht)* Man musste einen langen Bericht sehr genau lesen, um zu verstehen, dass man das gemacht hatte.
Es war kein Punkt auf der Tagesordnung?
Es stand nicht explizit auf der Tagesordnung. Es war eine Fehlentscheidung – zu einen hohen Preis: unserer Reputation.
Das Schlimmste, was einem Land passieren kann, ist, in die Hände von internationalen Bürokraten zu fallen, die glauben, besser zu wissen, was das Land braucht. Bis heute ist das Ausmaß der Intervention in Griechenland beeindruckend. Die Troika hat für Griechenland ein so detailliertes Programm entworfen. Es ist ein komplettes Regierungsprogramm.

Ist es nicht riskant, nicht gewählten Funktionären so viel Macht zu gewähren – ohne dass sie einem Parlament Rechenschaft schuldig sind?
Das ist ein riesiges Thema für Europa, weil wir diese – wie de Gaulle sie nannte – staatenlosen Technokraten haben. Ungewählte Beamte, die in Brüssel Entscheidungen treffen. Auch hier in Washington gibt es eine internationale Bürokratie. Ich nehme mich selbst davon nicht aus, Ich bin so weit weg von den Problemen. Ich war nie in Griechenland und habe die Probleme nicht vor Ort gesehen. Ich wünschte, ich könnte hinfahren. Sobald sich eine Gelegenheit bietet, mache ich das. Man kann die Probleme eines Landes nicht richtig erfühlen, wenn man in einer geschützten Umgebung wie in Washington oder in Brüssel ist. Und damit entsteht eine gefährliche Situation für ein Land, wenn so viele Entscheidungen über die Zukunft seiner Bürger in der Hand von Leuten liegen, die sich damit nicht auskennen.

Erzähler: Und so wurde verhindert, dass Griechenland sofort einen Schuldenerlass bekam. Die Konsequenzen waren den Verantwortlichen von Anfang an klar. Der damalige griechische Delegierte beim IWF, Panagiotis Roumeliotis, hat den Beweis dafür.

Panagiotis Roumeliotis (*von der Leinwand*): Der fehlende Punkt in diesem Programm war die Umschuldung.
Umschuldung heißt Schuldenerlass, oder?
Die Schulden erlassen und die privaten Gläubiger miteinbeziehen. Die Europäer hatten den Griechen ein strenges Reformprogramm auferlegt, in einer kurzen Zeit, drei oder vier Jahre. Und die Experten des IWF zweifelten von Anfang an an seinem Erfolg, weil die Zeit zum Ausgleich des Haushaltsdefizits so kurz war. Im März 2010 sandten die Experten des IWF eine E-Mail an die Europäische Kommission. Wenn Sie wollen, kann ich Ihnen zeigen, was sie geschrieben haben.
Ja bitte, tun Sie das!

«Dieses Programm wird die heimische Kaufkraft drastisch einschränken und eine tiefgreifende Rezession auslösen, die das soziale Gefüge ernsthaft gefährdet.» Sie haben das von Anfang an gesagt!
Das heißt, Griechenland wurde für die Stabilität des globalen Finanzmarktes geopfert?
Genauso war es!

Erzähler: Das Papier beweist, dass die IWF-Fachleute schon vorher wussten, was passiert, wenn sie keinen Schuldenerlass machen: Die notwendige Kürzung der Staatsausgaben musste so schnell und radikal erfolgen, dass es seine Wirtschaftskraft verlieren und Millionen von Griechen in tiefe Not stürzen würde. Und das wurde denn auch umgesetzt. Binnen vier Jahren wurden die Ausgaben des griechischen Staates um 30 Prozent gekürzt. Übertragen auf Deutschland wären das 360 Milliarden Euro, so viel wie der gesamte Bundeshaushalt. Mit einem solchen Programm, konstatierte sogar Martin Wolf, Chefökonom der Financial Times, «würde jedes Land in politischen Aufruhr gestürzt.»

Einen Schuldenerlass aber wollten die Regierungen Frankreichs und Deutschlands unbedingt verhindern. Die französischen und deutschen Banken hatten bei den Griechen mehr als 100 Milliarden Euro im Feuer. Und in Dominique Strauss-Kahn fanden sie einen willigen Helfer. Der damalige IWF-Chef, der später über seine Sex-Affären stürzte, wollte für das Präsidentenamt kandidieren und daher die Finanzbranche seines Landes vor Verlusten schützen. Darum ließ er in den Antrag einfügen, dass bei «hohem Risiko einer internationalen systemischen Wirkung» die Kreditvergabe auch dann erlaubt sei, wenn nicht mit «hoher Wahrscheinlichkeit» zurückgezahlt werden könne – ein Putsch, der Batista noch heute ärgert.

Die Regeländerung sei «völlig intransparent» in einem 146 Seiten langen Dokument versteckt gewesen, kritisiert IWF-Dissident Batista. Mangels Mehrheit im IWF-Vorstand, den Europäer und Amerikaner dominieren, konnten die Kritiker das jedoch nicht verhindern. Mit Beschluss vom 10. Mai 2010 trat darum das erste gemeinsame Programm des IWF mit den Euro-Staaten in Kraft, das im Gegenzug für 80 Milliarden Euro Kredit die Troika als Kontrollinstanz etablierte. Fortan reisten alle drei Monate bis zu 40 Beamte nach Athen, um jeden Zug der Regierung zu überwachen.

Warum inszenierten die Europäer diesen heimlichen Putsch beim IWF? Der frühere Berater des EU-Kommissionspräsidenten Barroso, Philippe Legrain, war ganz nah dran an den Entscheidern.

Ex-Berater Philippe Legrain *(von der Leinwand)*: Die IWF-Mitarbeiter wurden von ihrem Direktor, Dominique Strauss-Kahn, überstimmt. Er wollte französischer Präsident werden und den französischen Banken daher keine Verluste aufbürden. Gleichzeitig warnten die deutschen Banken Angela Merkel sehr eindringlich davor, ihnen die Verluste aufzudrücken. Die Regierungen der Eurozone haben dann entschieden, so zu tun, als sei Griechenland nur vorübergehend in Schwierigkeiten. Sie umgingen die gesetzliche Grundlage, auf der der Euro basiert: das Verbot des Zahlungsbeistands zwischen den Staaten. Sie haben Griechenland Geld geliehen, nicht um die griechische Regierung zu retten, sondern französische und deutsche Banken, die leichtsinnig der insolventen griechischen Regierung Geld geliehen hatten.

Wissen Sie, um welche Summen es bei den deutschen und französischen Banken ging?

Bei den französischen Banken ging es um 20 und bei den deutschen um 17 Milliarden Euro.

Erzählerin: Macht 37 Milliarden Euro. Ein ordentliches Sümmchen. Und das war ja nur das Geld, das sie direkt dem griechischen Staat geliehen hatten. Noch mehr als doppelt so viel hatten sie bei griechischen Unternehmen und Derivaten auf griechische Papiere im Feuer.

Yanis Varoufakis *(von der Leinwand)*: Die klugen Leute in Brüssel, in Frankfurt und auch in Berlin wussten schon im Mai 2010, dass Griechenland niemals seine Schulden zurückzahlen wird. Aber sie haben so getan, als sei Griechenland nicht bankrott, sondern habe nur gerade nicht genug flüssige Mittel. In dieser Lage dem insolventesten aller Staaten den größten Kredit der Geschichte zu geben – wie drittklassige korrupte Banker –, das war ein Verbrechen gegen die Menschlichkeit. Denn damit zwangen sie Griechenland in eine Dauerverschuldung ohne Ende. Und sie brachten eine stolze Nation gegen die andere auf. Denn dem deutschen Arbeiter, der sich acht bis zehn Stunden am Tag abplagt und trotzdem mehr oder weniger an der Armutsgrenze lebt, wird von seiner Regierung erzählt: «Unsere Krankenhäuser müssen sparen, aber wir geben den Griechen 110 bis 130 Milliarden Euro.» Dabei ging das Geld gar nicht an die Griechen.
Dieses Geld hat nie ein Grieche gesehen, es ging an die Banken. Das meiste Geld ging an französische und deutsche Banken.
Sie haben die Griechen und die Deutschen belogen. Den Griechen erzählten sie: Wir haben den Bankrott vermieden. Und den Deutschen: Weil die Griechen unsolide sind, bestrafen wir sie nun mit Sparpolitik. Aber wir leihen ihnen Geld, aus europäischer Solidarität.
Vor 2008 oder 2010 hatten alle Regierungsparteien, ob Christdemokraten oder Sozialdemokraten, den Finanzsektor extrem gefördert. Es gab eine Art Faustischen Pakt zwischen unseren Politikern und den Bankern: Wir lassen euch gewähren und ihr werdet uns einen kleinen Betrag zahlen, um unsere Staaten finanziell zu unterstützen. Als die Krise – für sie vollkommen unerwartet – kam, hatten sie weder die analytische Fähigkeit noch die moralische Autorität, diesen Bankern zu sagen: «Wisst Ihr was? Ihr seid draußen!»

Erzähler: Die Folgen waren verheerend. Weil die Zinslast extrem blieb, musste der Staatshaushalt radikal angepasst werden. Bis Ende 2013 fielen die öffentlichen Ausgaben um 30 Prozent. In der Folge verlor die griechische Wirtschaft 26 Prozent ihrer Leistung, mehr als es je zuvor einem europäischen Land in Friedenszeiten widerfuhr.

Später argumentierten die Prüfer des IWF, die Wirkung des Kürzungsprogramms sei unterschätzt worden, weil ihr Beauftragter Poul Thomsen und seine EU-Kollegen mit falschen Annahmen kalkuliert hätten. Doch das stimmt so nicht. Sie wussten, was sie taten.

Wie erwähnt, hatte der griechische Vertreter des IWF schon im März 2010 in einem als «Geheim» deklarierten Bericht den europäischen Direktoren im IWF-Vorstand geschrieben: Würde man den EU-Sparvorgaben folgen, «wird dies eine scharfe Kontraktion der internen Nachfrage mit einer folgenden tiefen Rezession verursachen, die das soziale Gefüge schwer belasten wird». Und genau so kam es.

Allein die Mittelschicht, Staatsangestellte, Rentner, Kranke und Erwerbslose mussten die Last der Anpassung tragen. Die wirtschaftlichen Eliten hingegen blieben überall verschont. Schlimmer noch: Die Troika zwang die Regierungen, wertvolle Staatsunternehmen zu Schleuderpreisen zu verkaufen, und verhalf so den Privilegierten, sich auf Kosten der Allgemeinheit zu bereichern.

Neben der Kürzung der staatlichen Gehälter und Renten um ein Drittel und der weitgehenden Abschaffung der Tarifverträge verfügten die Troikaner 2012 auch die Senkung des Mindestlohns um ein Fünftel auf 3,40 Euro pro Stunde. Weil sich selbst die Arbeitgeberverbände dagegen aussprachen, verweigerte der damals zuständige Minister Giorgios Koutroumanis seine Zustimmung. Aber auch er berichtet, die Aufseher der Euro-Gruppe hätten gedroht, «die nächste Tranche zu sperren». Die Regierung habe schließlich der «Erpressung» nachgegeben.

Erzählerin: Sie haben mit der Pistole an der Schläfe nachgegeben.

Erzähler: Ganz anders dagegen gingen die heimlichen Lenker des griechischen Staates mit dem chronischen Steuerbetrug der Reichen um. Zwar war die effektive Steuererhebung ein erklärtes

Ziel des Troika-Programms. Aber der Filz zwischen den alten Parteien und der Oligarchenkaste verhinderte das, und die Troika fand sich damit ab.

Exemplarisch war der Umgang mit der «Lagarde-Liste» von 2600 Schwarzgeldkonten griechischer Staatsbürger bei der Schweizer Filiale der Großbank HSBC. Christine Lagarde, damals Frankreichs Finanzministerin, heute Chefin des IWF, hatte diese Liste schon 2010 ihrem griechischen Kollegen übergeben. Doch bis Ende 2014 wurde nicht ein einziger der Täter vor Gericht gestellt. Hier, so berichtet die Anwältin und heutige Syriza-Parlamentspräsidentin Zoé Konstantoupoulo, machte die Troika keinen Druck. «Im Gegenteil, der IWF-Vertreter im Finanzministerium hat den Beamten sogar abgeraten, diese Fälle zu untersuchen», erfuhr sie von Zeugen in einem Untersuchungsausschuss des griechischen Parlaments.

Die Eliten werden geschont, der Mittelschicht und den Armen wird alle Last auferlegt. Darum wurde auch den 595 Putzfrauen der Finanzbehörden gekündigt. Monatelang protestierten sie dagegen mit einem Camp vor dem Finanzministerium. Ihre Entlassung sparte nicht einmal Geld, sondern verschaffte nur privaten Leiharbeitsfirmen Gewinne.

Auch der Mindestlohn wurde wie erwähnt radikal gekürzt.

Ex-Arbeitsministerin Loúka Katséli *(von der Leinwand)*: Als ich Arbeitsministerin wurde, waren schon eine Reihe von Maßnahmen mit meinem Vorgänger ausgehandelt worden, nämlich, die Tarifverträge abzubauen und für Flexibilität auf dem Arbeitsmarkt zu sorgen, ohne jede Sicherheiten.
Sie sagen, man wollte den kompletten Abbau der Tarifverträge?
Genau das. Eine Abschaffung des sozialen Dialogs. Das steht gegen internationale Abkommen. Gegen die ILO...
...die Internationale Arbeitsorganisation...
Genau. Und natürlich gegen das, was in Deutschland und anderen Ländern üblich ist.
Was waren die Überlegungen dahinter?

Die Arbeitgeber sollten völlig die Oberhand haben und allein über die Löhne entscheiden.
Aber würde das nicht heißen, es gäbe keine Zukunft mehr für Gewerkschaften?
Man ging sogar noch weiter und sagte: Das reicht nicht. Wir wollen, dass die Regierung die Bedingungen für den Mindestlohn und für die Lohnvereinnbarungen allein diktieren kann. Sodass die Regierung das Recht hat, die Konditionen einfach festzulegen.
Aber das ist eine neue Form von Planwirtschaft.
Genau das ist passiert, und deshalb ist der soziale Dialog in Griechenland gestorben. *(zeigt ein Schreiben der Troika)*. Hier: «Liebe Frau Minister, wir haben große Probleme. Der Text ist nicht akzeptabel.» *(Lacht).* «Zentrale Vorgaben fehlen. Unsere zahlreichen Kommentare und Vorschläge wurden ignoriert.»
Komplett durchgestrichen und neu geschrieben.
Sie haben es gelöscht und einen neuen Text eingefügt. Und so ging es hin und her mit dem Gesetzestext.
Die Troika hat also Ihre Entwürfe nicht nur kommentiert?
Nein. Es waren klare Neufassungen.
Entwürfe und Neufassungen.
Bis aufs letzte Wort. Nur, dass wir gewählte Staatsbeamte waren und sie nur Bürokraten und Technokraten.

Erzähler: Die Troika und die damalige Regierung unter Ministerpräsident Loukas Papademos, während der Einführung des Euro griechischer Notenbankgouverneur und Vizechef der EZB, waren der Ansicht, dass der Mindestlohn von 751 Euro brutto zu hoch war im Verhältnis zur Produktivität der griechischen Wirtschaft – und folglich verringert werden musste.

Gewerkschafter Savvas Robolis *(von der Leinwand)*: Die Gewerkschaften, aber auch die Arbeitgeber, waren anderer Meinung. Es existiert ein Memorandum an die damalige Regierung. Dieses Schreiben habe ich hier, alle Sozialpartner haben es unterzeich-

net. Sehen Sie: «Athen, Februar 2012. An Premierminister Loukas Papademos...» Das Schreiben ging auch an alle Parteivorsitzenden, um von ihnen zu fordern, dass der Mindestlohn nicht von 751 auf 586 Euro gesenkt werde. Das wurde jedoch nicht berücksichtigt. Der Mindestlohn wurde verringert – per Regierungsdekret, und das durchlief nicht das Parlament.
Darüber wurde nicht im Parlament abgestimmt?
Nein, weil man befürchtete, die Abgeordneten würden es nicht annehmen.

Erzähler: Der Mindestlohn in Griechenland beträgt seitdem 586 Euro im Monat. Die Senkung von 4,41 auf 3,44 Euro pro Stunde drückte dreieinhalb Millionen Haushalte noch tiefer in die Armut.

Am härtesten traf das jene, die sich am wenigsten wehren konnten: erwerbslose Kranke, Kinder und alte Leute ohne Rente. Sie wurden auch Opfer der willkürlichen Festlegung, dass die Gesundheitsausgaben sechs Prozent des Bruttoinlandsprodukts nicht überschreiten durften. Das forderte die Troika ab 2011, obwohl ihre Auftraggeber das in den eigenen Ländern niemals wagen würden. Deutschland leistet sich zehn Prozent, der EU-Durchschnitt liegt bei acht. Im Ergebnis mussten 40 Prozent der Krankenhäuser schließen, die Hälfte der 6 000 Ärzte in den öffentlichen Polikliniken wurde entlassen. Drei Millionen Menschen, ein Viertel der Bevölkerung, erhalten seither keine medizinische Versorgung, weil sie mit ihren Jobs auch ihre Krankenversicherung verloren.

Marina Zekakou, MS-Patientin *(von der Leinwand)*: Wir MS-Kranken bekamen eine Invalidenrente von 67 Prozent. Die haben sie auf 35 Prozent reduziert. Diese Reduktion führte dazu, dass die meisten von uns nicht mehr versichert sind. Wenn du nur so wenig bekommst, kannst du die Versicherung nicht mehr bezahlen. Du kannst Wohnung und Essen nicht mehr bezahlen.

Dimitris Papastergiou, MS-Patient: Hier in unserem Land wurde Hippokrates geboren. Es ist das Land, das der Welt die Medizin geschenkt hat. Wenn Hippokrates sehen würde, was mit unserem Gesundheitssystem passiert, würde er sich im Grabe umdrehen.

Erzähler: Die Konsequenzen der Troika-Programme erlebt der Internist Dr. Georgis Vichas jeden Tag. Er hat zwei Vollzeitjobs: Neben seiner Arbeit in einem Krankenhaus betreibt er in seiner Freizeit gemeinsam mit rund 100 Ärzten und etwa 200 Krankenschwestern und Pflegern, allesamt unbezahlte Freiwillige, eine ambulante Sozialklinik. Sie ist eine von 50 in ganz Griechenland und wurde auf dem Höhepunkt der Krise Mitte 2011 auf dem Gelände des stillgelegten Flughafens Hellenikon in Athen gegründet. Dort bitten seitdem täglich hunderte Kranke um Hilfe, weil sie ihre Krankenversicherung verloren haben. Die Kosten für ihre Versorgung werden durch Spenden gedeckt, auch aus Deutschland. Jeden Monat «sterben Hunderte, vielleicht mehr als tausend Menschen in Griechenland, nur weil sie keine medizinische Hilfe bekommen», klagt der Mann, der bis zur Erschöpfung dagegen ankämpft. Er meine, sagt Vichas, «dass diejenigen, die dafür verantwortlich sind, vor Gericht gestellt werden müssen».

Die Beamten der Troika könnte das nicht treffen. Sie genießen diplomatische Immunität.

Dr. Nikolas Vichas *(von der Leinwand)*: Alle Ärzte und Helfer hier haben noch einen Job. Aber wir sind motiviert, hier ehrenamtlich zu arbeiten, wegen der Tragödie, die sich seit Jahren in unserem Land abspielt. Das ist keine Krise mehr, das ist eine Tragödie. Die Menschen verarmen. Sie sterben sogar. Ich denke, die Mindestverpflichtung für jeden Bürger in dieser Situation ist, dass er anbietet, was er kann, um diesen Menschen in Not zu helfen. Und die Mindestverpflichtung für jeden Arzt ist, ein wenig Zeit für Menschen zur Verfügung zu stellen, die das benötigen.

Wie groß waren die Einschnitte ins Gesundheitswesen?
Es gab drastische Einschnitte auf allen Ebenen des Gesundheitswesens. Auf der ersten Ebene nahm die Zahl der Nichtversicherten dramatisch zu aufgrund der Erwerbslosenquote von 20 Prozent. Drei Millionen Menschen in Griechenland stehen jetzt ohne Krankenversicherung da. Sie haben keinen Zugang mehr zum öffentlichen Gesundheitssystem, zu Medikamenten und Behandlung. Auf der zweiten Ebene gab es die Anweisungen, viele Kliniken zu fusionieren oder zu schließen, es gab riesige Einschnitte in der medizinischen Ausrüstung und beim benötigten Klinikpersonal. Beides zusammen ergab eine explosive Mischung für das öffentliche Gesundheitswesen.

In den deutschen Medien heißt es, das griechische Gesundheitssystem sei ineffizient und aufgebläht, die Ärzte seien korrupt.
Es stimmt, wir hatten ein enormes Korruptionsproblem bei den Ärzten und dem medizinischen Personal. Aber es war dennoch ein System, in dem jeder und jede behandelt werden konnte. Niemand wurde ausgeschlossen. Das Gesundheitssystem war reformbedürftig – in großem Maße. Aber es brauchte eine Reparatur, keine Katastrophe. Das, was in unserem Land passierte, war keine Reparatur der Fehler – die es zur Genüge gab. Sondern all das Gute, das es gab, wurde kaputt gemacht. Heute gibt es in meinem Land, in Griechenland, kein Gesundheitssystem mehr.

Drei Millionen Unversicherte, das entspricht etwa 30 Prozent der Bevölkerung. Was bedeutet es, nicht mehr krankenversichert zu sein?
Chronisch Kranke brauchen Medikamente, manchmal auch teure, und medizinische Untersuchungen. Aber sie haben keinen Zugang dazu, ihre Krankheiten können nicht mehr behandelt werden. Etwa Menschen mit Diabetes: Wenn sie kein Insulin bekommen, geraten sie in gefährliche Situationen und können sterben. Oder Menschen mit Krebs. Ohne Behandlung sind sie zum Sterben verurteilt. Frauen haben keinen Zugang mehr zu Mitteln der Geburtenkontrolle. 2014 gab es in einer Geburtsklinik im Norden Griechenlands über Monate keine richtigen Nabelschnurklemmen. Das hat vielen Babys fast das Leben gekostet. Etwa 20 Prozent der Kinder in Griechenland wer-

den nicht mehr geimpft. Bedenken Sie, was das bedeutet: Auf den Boden eines europäischen Landes kehren längst besiegte Krankheiten zurück wie Kinderlähmung. Und Menschen können es sich nicht mehr leisten, ins Krankenhaus zu gehen, weil sie sich damit verschulden. Entweder sie zahlen oder sie sterben. Und die meisten Leute heute in Griechenland wählen die zweite Option.
Viele Menschen sterben, weil sie nicht versichert sind?
Ja, so ist das. Nur wird das von keiner Statistik erfasst. Doch wir haben es in unserer Praxis erfahren. Wir hatten in den ersten drei Jahren 200 Krebspatienten. Davon kamen zehn Prozent erst in einem sehr späten Stadium der Krankheit. Die Hälfte von ihnen ist gestorben, weil sie nicht rechtzeitig therapiert wurde. Und die gleichen Erfahrungen machten Kollegen aus den anderen Freiwilligen-Kliniken. Wir müssen davon ausgehen, dass Tausende gestorben sind, weil sie nicht behandelt wurden.
Es gibt also Beweise für die Parole, dass Austeritätspolitik tötet?
Es ist sehr einfach: Die barbarische Austeritätspolitik im Gesundheitswesen führt zu Toten, weil Menschen weniger Medikamente und Behandlung bekommen. Austerität tötet Babys, wenn die Familien keinen Muttermilchersatz bezahlen können. Wir sehen in der Klinik unterernährte Kinder. Alle jene, die das als Politiker zu verantworten haben, sollten zur Rechenschaft gezogen und vor Gericht gebracht werden. Wir hatten hier bis August 2014 einen Gesundheitsminister, der hat sogar verfügt, dass die Krankenhäuser den Müttern ihre neugeborenen Babys nicht geben, bis sie ihre Rechnung bezahlt haben. Sechs Monate lang wurde das in den öffentlichen Kliniken praktiziert.
Und was passiert mit Menschen mit Infektionskrankheiten?
Das ist ein reales Drama. Hepatitis, Tuberkulose oder Aids-HIV – diese Krankheiten nehmen zu. Deshalb spreche ich hier von einem Verbrechen durch diejenigen, die uns diese Politik aufgedrückt haben.
Es besteht also die Gefahr, dass der Schaden am Ende viel größer ist als die eingesparten Kosten? Dass Europa investieren muss, um die Ausbreitung von Epidemien aus Griechenland zu stoppen?

Völlig richtig. Wir haben eigene Studien durchgeführt und vor den Ministerien für Gesundheit und Finanzen demonstriert und die Ergebnisse gezeigt. In einer Studie bewiesen wir, dass das Nichtbehandeln unversicherter Diabetespatienten auf mittlere Sicht das Haushaltsdefizit vergrößert und am Ende die nationale Ökonomie beschädigt. Sie zwei Jahre lang nicht zu behandeln, belastet die Volkswirtschaft mit 200 Millionen Euro pro Jahr. Wenn man nichtversicherte Kranke nicht mit Medikamenten und Ärzten versorgt, sind die Kosten am Ende größer als die für ihre Krankenversicherung. Solch eine barbarische Austeritätspolitik wurde niemals zuvor einem europäisches Land auferlegt. Ich frage mich schon lange, welchen Grund es dafür gibt. Wenn es nur durch ökonomische Rationalität begründet wird, dann hätten sie diese Politik längst aufgeben müssen, denn sie führt zu immer höheren Haushaltsdefiziten. Ich kann darin keinerlei Logik erkennen.
Meine Schlussfolgerung ist: Es geht nicht um Ökonomie, sondern um Ideologie. Sie lassen Menschen absichtlich verarmen. Warum wurden diese Maßnahmen ergriffen? Weil wir wirtschaftliche Probleme haben? Aus Unfähigkeit? Aus Dummheit? Nein, nichts von alldem. Sie haben eine Ideologie: Wer Geld hat, lebt, wer kein Geld hat, stirbt.

Wer trägt aus Ihrer Sicht die Verantwortung dafür?
Die größte Verantwortung dafür tragen die griechischen Regierungen der letzten drei Jahre, die diese Vorgaben akzeptiert und umgesetzt haben. Die Aufgabe der griechischen Regierung sollte es doch sein, die Rechte ihrer Bevölkerung zu verteidigen.
Aber es war die Troika, die die Einschnitte verordnet hat. Wenn man solche drastischen Schnitte im Gesundheitswesen vornimmt – sie nennen das »Reformen« –, muss man sich bewusst sein, dass es sich verschlechtert. Die Troika hat die Verringerung der Ärzteschaft um 50 Prozent angeordnet. Die Troika hat das im »Memorandum of Understanding« so festgehalten, und die griechische Regierung hat das unterzeichnet. Die andere »Reform« war die Schließung von Kliniken überall in diesem Land mit seiner unzugänglichen Geografie, mit entfernten Inseln, wo die Menschen nun keine Behandlung mehr erhalten.

Die Troika sagte uns, dass nicht wir schuld seien, die griechische Regierung mache es falsch. Oder irgendein Minister. Wenn man aber die Memoranden genau liest, vom ersten bis zum letzten Satz, sieht man, dass alles, wirklich alles, was im Gesundheitswesen passierte, selbst die Entlassungen von Ärzten und Pflegepersonal, dort bereits festgeschrieben war. Es waren Auflagen der Troika.

Erzähler: Die Troika hingegen argumentiert, Griechenland sei eine Erfolgsgeschichte.

Journalist Nikolas Leontopoulos *(von der Leinwand)*:
Ja. Und hier stehen die Zahlen der Erfolgsgeschichte:
300 000 leere Häuser.
40 000 Obdachlose.
Und andauernd neue Steuern.
Drei Millionen Unversicherte, ohne Zugang zum Gesundheitswesen.
50 Prozent Kürzung bei den Reserven der Pensionsfonds.
29 Prozent Arbeitslosigkeit.
60 Prozent Jugendarbeitslosigkeit.
Ausverkauf der öffentlichen Güter, der Wälder und Küsten.
4 500 Suizide.

3. Akt:
Die Troika zieht weiter – Irland, Spanien, Portugal

Schwäbische Hausfrau *(mit Kopftuch und Schürze, kehrt die Bühne mit einem räudigen Besen, wirbelt dabei jede Menge Staub und Dreck auf. Leise vor sich hin murmelnd)*: «Ein jeder kehre vor seiner Tür, und sauber isch das Stadtquartier...»
(Der Dreck wirbelt wie von unsichtbarer Hand gelenkt immer wieder auf die Bühne zurück.)

Chor der Götter der Troika *(aus dem Off)*: Tut Buße!
Ihr habt gesündigt und geprasst und über eure Verhältnisse gelebt.
Ihr seid schuldig, also habt ihr eure Schulden zurückzuzahlen.

Chor der Klageweiber *(ziehen mit der Leichenbahre der Dimokratía wieder langsam, schleppend und depressiv über die Bühne, stellen die Bahre irgendwann im hinteren Teil der Bühne ab, im Verlaufe des Aktes wird sie dort vergessen)*:
Oh Dimokratía, du wurdest gemeuchelt
Das Volk schickt nicht länger seine Vertreter
Als Lenker seiner Geschicke.
Das Dreigespann ist es, von niemand gewählt,
Es spricht, was zu tun ist,
Es schreibet Gesetze.
Es rechnet die Zahlen grauen Gesichtes
Es sagt: Du darfst leben!
Es sagt: Du darfst sterben!
Es sagt: Doch nicht ohn' Zahlung –
Für dein Begräbnis.
Sonst darfst du nicht sterben.

Einfaches Volk *(resigniert hinterher schlurfend)*: Die da oben machen doch, was sie wollen, und wir kleinen Leute müssen zahlen, bis wir bluten...

Meckerdemonstrant: Und warum lassen wir uns das gefallen? Macht doch endlich was, wehrt euch!

Meckerdemonstrantin: Was hat die Troika denn mit unserem Geld gemacht? Das war doch ein Raubzug! Wo sind die Milliarden geblieben?

Erzähler: Die grauen Herren der Troika zogen unbeirrt weiter. Von Griechenland nach Irland, Portugal, Spanien und Zypern. Überall dienten ihre Milliardenkredite dazu, private Gläubiger, vor allem Banken, auf Kosten der Steuerzahler von ihren Fehlinvestitionen freizukaufen, um «das Vertrauen der Finanzmärkte» wiederherzustellen.

Erzählerin: «Vertrauen der Finanzmärkte!» Daran sieht man, wie sehr diese Technokraten die Finanzmärkte personalisieren – oder sogar vergotten und vergöttern. Ihr Gott ist das Geld – der Wert aller Werte, gülden strahlend, global gültig, allmächtig, alle Macht der Glaubenden oder Gläubiger vereinend. Das Auge Gottes sieht herab vom Dollarschein, und es sieht alles. Vor allem, ob jemand schuldig ist, weil er Schulden macht.

(IRLAND)
Erzähler: So wie Griechenland ist es auch Irland ergangen. Der Staat zählte bis 2007 zu den Ländern mit dem niedrigsten Schuldenstand in der Euro-Zone. Doch auch hier gab es durch den Zugang zum Euromarkt Verlockungen, auf Pump zu bauen und zu investieren. Allein die deutschen Banken schleusten von 2005 bis 2008 mehr als 100 Milliarden Euro nach Irland, so viel wie zwei Drittel der gesamten Jahreswirtschaftsleistung des

kleinen Landes. Mit dem geliehenen Geld befeuerten die sechs irischen Banken einen Immobilienboom, der selbst jenen in den USA noch übertraf. Das irische Baugewerbe machte ein Drittel des Bruttoinlandproduktes aus, in einer normalen Volkswirtschaft sind es nicht einmal zehn Prozent.

Nach dem globalen Finanzcrash im September 2008 kam der Geldstrom jedoch abrupt zum Erliegen, während die Immobilienpreise fielen und immer mehr Kredite faul wurden. Plötzlich konnte die Anglo Irish Bank, die besonders aggressiv expandiert war, ihre auslaufenden Anleihen nicht mehr bedienen. Regierungschef Brian Cowen von der konservativen Partei Fianna Fáil geriet in Panik.

Ohne zu ahnen, um wie viel Geld es ging, erteilte die Regierung auf zwei Jahre eine Garantie für alle Schulden irischer Banken. Aber im Herbst 2010 drohte diese Zahlungspflicht für die mittlerweile verstaatlichten Banken die irische Staatskasse zu sprengen. Allein die Manager der Anglo Irish Bank saßen auf einem Schuldenberg von 47 Milliarden Euro, mehr als die irischen Steuereinnahmen eines ganzen Jahres. Darum musste Regierungschef Cowen und sein Finanzminister Brian Lenihan mit der Troika unter höchster Anspannung über einen Notkredit verhandeln. Dem Staat drohte die Zahlungsunfähigkeit, und Finanzminister Lenihan wollte nicht länger für die Bankschulden garantieren und die Besitzer von unbesicherten Bankanleihen nicht mehr auszahlen. Die Gläubiger, also vor allem Banken und ihre wohlhabenden Kunden aus Deutschland, Frankreich und Großbritannien, sollten für ihre Fehlinvestitionen haften. Aber der damalige EZB-Präsident Jean-Claude Trichet fürchtete ein weiteres Beben für Europas Bankensystem und drohte der irischen Regierung, die Banken von der Versorgung mit Bargeld abzuschneiden und damit Irland aus der Eurozone zu kippen – eine Drohung, die Europas Zentralbanker später auch gegen Zypern und Griechenland verwendeten.

Brian Hayes, damaliger irischer Vizefinanzminister *(von der Leinwand)*: Die Europäische Zentralbank meinte, das Geld sei zurückzuzahlen. Natürlich war das etwas, das dem irischen Volk aufgezwungen wurde. Alle Bankschulden auf den Staat zu übertragen, ist ein schrecklicher Fehler.

Erzähler: Irland wurde mit vorgehaltener Pistole gezwungen, die Gläubiger auszuzahlen.

Parteiloser Abgeordneter Stephen Donnelly *(von der Leinwand)*: Die Pistole hielt die EZB. Sie hat wohl gesagt: Entweder ihr zahlt die Anleiheninhaber aus oder wir ziehen unsere Notfinanzierung zurück – mit der Folge, dass erst euer Bankensystem und dann die ganze Wirtschaft kollabieren. Für mich ist das Kanonenbootpolitik. Oder Erpressung. Es ist schon eine harte Drohung von einer Zentralbank: Sie zwingt eine Nation, ihre Souveränität preiszugeben, nur um irgendwelche Investoren freizukaufen. Damit handelte die EZB illegal.

Erzähler: Warum, so fragten später Kritiker wie der Ökonom Constantin Gurdgiev vom renommierten Trinity College in Dublin, warum sollen die Steuerzahler diese Bankschulden bezahlen, obwohl doch die Gläubiger einfach schlecht investiert haben? Die Opposition forderte, zumindest die Namen dieser «bondholder» offenzulegen. Doch Finanzminister Lenihan sagte nur, die Papiere würden anonym gehandelt, die Besitzer seien nicht bekannt.
Aber das stimmt so nicht. Den Beweis lieferte Paul Staines, ein irischer Blogger in London, der früher selbst mit Anleihen handelte. Mitte Oktober 2010 veröffentlichte er mit der Hilfe eines früheren Kollegen 80 Namen von Finanzinstituten, die Anleihen der Anglo Irish Bank in Milliardenwert hielten. Die Liste las sich wie ein Who's who der westlichen Finanzwelt. Sie reichte vom deutschen Allianz-Konzern über Goldman Sachs bis zur französischen Societé Generale – allesamt Verwalter von Vermögen betuchter Anleger, die zu großen Teilen in Deutschland und Frankreich zu Hause sind

und Verluste gut hätten tragen können. Auch Deutschland habe einen Immobilienboom gehabt, kommentierte Finanzexperte Gurdgiev bissig. Nur hätten die Deutschen «es vorgezogen, ihren Boom ins Ausland zu verlegen».

Irland bekam damals 67,5 Milliarden Euro Kredit. Aber die «Erpressung» durch die EZB, wie der Abgeordnete Donnelly den Vorgang nennt, bürdete dem irischen Staat Schulden von mehr als 100 Milliarden Euro auf, die zuvor private Banken bei privaten Investoren gemacht hatten.

Als die Iren drei Monate später die Oppositionsparteien an die Macht wählten, änderte das nichts. Zwar warben sie offensiv mit der Parole «burn the bondholders». Aber der Nachfolger des Finanzministers Lenihan, Michael Noonan, konnte das Versprechen nicht einlösen. Die EZB sei dagegen, er sei machtlos, gestand er. So mündete die vermeintliche Rettung Irlands in ein Schutzprogramm für Banken und Kapitalanleger, für deren Fehlinvestitionen auf der grünen Insel allein die irischen Steuerbürger bezahlen sollten.

Irischer Ökonom Karl Whelan *(von der Leinwand)*: Ich wurde 2013 vom Europaparlament beauftragt, die Rolle der EZB in diversen Hilfsprogrammen zu untersuchen. Und klar, mein Focus war Irland.
Sie schreiben: «Die Einmischung der europäischen Zentralbank in Irland, vor allem im Bezug auf die vorrangigen Bankschulden, wirft die ernste Frage auf, ob die EZB damit die Grenzen ihres Mandats überschritten hat.» Wie hat die EZB darauf reagiert?
Keine Ahnung...
Sie haben nie eine Antwort bekommen?
Nein, nie. Ich stehe wohl nicht im Verteiler für die Weihnachtskarten. Jedenfalls forderte die EZB, dass alle Inhaber von Anleihen ihr Geld zurückbekommen – und setzte sich durch.

Erzählerin: Das Programm, das die Troika dem kleinen irischen Staat diktierte, sah ähnlich aus wie in Griechenland, wenn auch nicht ganz so drastisch. Auch in Irland wurde der Mindestlohn um 12 Prozent gesenkt, die Renten gekürzt, die Hilfen für Behinderte gestrichen und trotz einer Erwerbslosenrate von 15 Prozent das Erwerbslosengeld um 750 Millionen Euro jährlich gesenkt.

Erzähler: Über die extremen Einnahmeverluste, die der irischen Staatskasse durch Steuerdeals mit ausländischen Konzernen entstehen, haben die Troika-Beamten dagegen nicht einmal verhandelt. Dabei kassieren allein US-Konzerne in Irland rund 40 Milliarden Euro jährlich steuerfrei, ermittelte der Ökonom JimStewart von der Uni Dublin. Apple und Google etwa kamen 2011 auf rund 31 Milliarden nicht versteuerte Gewinne. Wäre darauf wenigstens Irlands lächerlich geringe Gewinnsteuer von 12,5 Prozent erhoben worden, «wäre uns viel Not und Armut erspart geblieben», meint Stewart.

Ich rekapituliere: Der irische Staat hat also insgesamt mehr als 70 Milliarden Euro ausgegeben, um sechs Pleitebanken mit dem Geld irischer Steuerzahler zu retten. Wo ist all das Geld geblieben?
Ökonom Andy Storey *(von der Leinwand)***:** Gute Frage. Oft wurde das Geld verwendet, um die Gläubiger auszuzahlen, Leute, die den Banken Geld geliehen hatten, sogenannte Bondholders, die Besitzer von Bankanleihen.
Und wer sind diese Spekulanten?
Das ist das Problem: Wir wissen es nicht. Die Zahlungen laufen über ein Clearingsystem, das den Anleihebesitzern Anonymität garantiert.
Aber ist es nicht empörend, dass irisches Geld für ausländische Anleger ausgegeben wird und niemand weiß, wer das ist?
Empörend ist noch milde ausgedrückt.
Macht das nicht die Demokratie zu einer bloßen Farce?
Absolut. Aber das geht an den Kern der Eurokrise – die Menschen in der Eurozone begreifen nicht, was gerade passiert.

Erzähler: Monat für Monat zahlen die sechs verstaatlichten Banken des Landes dreistellige Millionenbeträge, um fällige Anleihen zu bedienen und deren zumeist ausländische Besitzer auszuzahlen, das meiste davon auf Kosten der Steuerzahler. «Irland blutet aus», sagt der parteilose irische Parlamentarier Stephen Donnelly, «das muss aufhören.»

Erzählerin: Eine kleine Gemeinde in Irland aber hat sich damit nicht abgefunden: Ballyhea, rund 240 Kilometer südwestlich von Dublin gelegen. Von den gerade mal rund 1.000 Einwohnern demonstrierten von 2011 bis heute allwöchentlich 30 bis 300 gegen den Ausverkauf Irlands. Jeden Sonntag, gleich nach der Messe. Großeltern, Eltern und Kinder, Bauern, Handwerker und Angestellte. «Ballyhea says No to bondholder bail-out!», stand auf den Schildern, «Nein zum Freikauf der Anleihebesitzer!»

Die irische Presse verschwieg den jahrelangen hartnäckigen Protest weitgehend, doch dafür berichteten Journalisten und Reporterinnen aus Frankreich, Deutschland, USA, Südkorea und Australien. Die Menschen demonstrierten zuerst in ihrem Ort, dann auch in Dublin, in Brüssel, sogar vor der Europäischen Zentralbank in Frankfurt am Main. Eine Geschichte wie die von Asterix und Obelix in ihrem gallischen Dorf, das allein gegen das römische Imperium antritt.

Diarmuid O'Flynn aus Ballyhea (*von der Leinwand*): Wir sind der Asterix von Irland. Selbst hier in der Kirchgemeinde wurde mir gesagt, du spinnst. Du kannst es niemals mit der EZB aufnehmen. Ich weiß, es ist ein großer Traum. Aber wenn schon träumen, dann groß. Kleine Träume sind sinnlos.
Sie machen es ja nicht nur mit Irland, sondern europaweit und kommen in ganz Europa damit durch. Man sagt immer: die Schulden sozialisieren. Dabei könnte das, was geschieht, nicht anti-sozialer sein.
  Sie waren auch in Frankfurt?
Rentnerin Frances O'Brian: Ja. Man war sehr nett zu uns und

hat uns sogar Essen gebracht. Wir hatten Schilder, auf denen auf Deutsch stand, was in Irland passiert.
Die meisten Deutschen denken, sie hätten Irland gerettet. Den Deutschen wird gesagt, sie retten die anderen, aus europäischer Solidarität.
Nein, Irland hat Europa gerettet. Das müssen sie kapieren! Irland übernahm Garantien und verhinderte so eine Kettenreaktion. Und dafür sollte man uns belohnen. Irland sieht im Ausland nur deshalb so gut aus, weil es die Ausgaben kürzt. Aber die Menschen leiden. Sie leiden schrecklich.

Erzählerin: Inzwischen ist der Hauptinitiator der Dauerdemonstration, der frühere Sportjournalist Diarmuid O'Flynn, wieder in Brüssel. Diesmal nicht mit einem Schild in der Hand, sondern als Assistent des irischen Europaabgeordneten Luke Ming Flanagan von der Nordischen Grünen Linken. Seine Website, auf der er früher die Geldströme aus Irland heraus verzeichnete, ist deshalb nicht mehr ganz aktuell.

Erzähler: Wohin geht all das Geld? Wenn Irlands Banken 64 Milliarden Euro bekommen haben, was haben sie damit gemacht? Das Verrückte ist, darüber gibt es keine allgemein verfügbaren Angaben. Aber die Bank für internationalen Zahlungsausgleich – die Notenbank der Notenbanken – sammelt Daten aus ihren Mitgliedsländern. Aus diesen Daten geht hervor, dass allein deutsche und französische Banken im Herbst 2010 noch rund 20 Milliarden Euro in Irland ausstehen hatten. Schon bis 2012 konnten sie diese Summe dann auf weniger als die Hälfte senken, ohne einen Cent zu verlieren, obwohl die meisten ihrer Schuldner pleite waren – die Verluste landeten beim Staat.

Die Europäische Zentralbank könnte das Unrecht, das sie den Iren angetan hat, um Europas Banken zu schützen, leicht wieder gut machen. Denn im Verlauf der Krise hat sich die Anglo Irish Bank 30 Milliarden Euro bei der EZB geliehen, um ihre Gläubiger bezahlen zu können. Die EZB durfte aber, genau wie alle anderen

Zentralbanken der Welt, dies Geld natürlich nicht verleihen, ohne Sicherheiten dafür zu bekommen, die die Anglo Irish Bank jedoch nicht hatte. Darum musste damals der irische Staat einspringen und dafür haften. Nachdem die Anglo Irish Bank verstaatlicht wurde, forderte die EZB von der irischen Regierung die Rückzahlung dieser 30 Milliarden Euro. Viele Ökonomen und Politiker in Irland fordern nun, dass die EZB diese Schulden einfach streicht.

Ökonom Constantin Gurdgiev *(von der Leinwand)***:** Wenn wir die EZB zu einem Schuldenschnitt bringen würden, oder dazu, einen Teil ihrer Forderungen an die irischen Banken abzuschreiben, wäre das ökonomisch sinnvoll. Denn die EZB und die Eurozone profitieren nur dann von Irland, wenn es eine starke Wirtschaft hat.
Aber die Deutschen werden fragen, was wird dann aus der Bilanz der EZB, wer muss für die Verluste zahlen?
Niemand muss für die Verluste der EZB aufkommen. Das Geld ist ja schon im Umlauf. Und zwar ohne dass es dadurch eine Inflation gab. Und mit dem Schuldenschnitt wird ja kein neues Geld geschaffen.
Sie sagen, die Schulden könnten erlassen werden, ohne dass jemand einen Verlust hat?
Ja. Das ist das monetäre System.

Chor der Götter der Troika *(aus dem Off)***:**
Nein, ihr müsst Buße tun!
Ihr habt gesündigt und geprasst und über eure Verhältnisse gelebt.
Ihr seid schuldig, also habt ihr eure Schulden zurückzuzahlen.

Chor der Klageweiber:
Oh ihr Götter von der Troika
Oh ihr holdes Dreigestirn
Habt doch Mitleid
Mitleid mit den armen Iren...
(Unruhe im Publikum)

(PORTUGAL)
Erzählerin: Auch Portugal hat sich nach der Einrichtung der Eurozone bedrohlich bei europäischen Bankhäusern verschuldet. Im Mai 2011 flog die Troika in der Hauptstadt Lissabon ein. Sie genehmigte der Regierung Kredite von 78 Milliarden Euro, um Staatshaushalt und Banken zu retten. Im Gegenzug musste sich die Regierung im gemeinsam unterzeichneten «Memorandum of Understanding» unter anderem verpflichten, durch umfangreiche Privatisierungen 5,5 Milliarden einzunehmen, um damit Schulden zu tilgen.

Die Regierung in Lissabon wurde in den folgenden Jahren zum Lieblingskind der Troika, weil sie wie ein devoter Musterschüler die eingegangenen Verpflichtungen sogar noch übertraf. Sie verkaufte unter anderem den öffentlichen Energieversorger Energias de Portugal, einen der größten in Europa, an die chinesische Staatsholding China Tree Gorges Group, die am Jangtsefluss den größten Staudamm der Erde betreibt – einschließlich riesiger ökologischer Schäden. Gewinne aus der Stromerzeugung und dem Netzausbau fließen nun nach China anstatt in die Staatskasse.

Dieses Geschäft trug wesentlich dazu bei, dass die Regierung nicht nur 5,5, sondern sogar 9 Milliarden Euro Einnahmen aus Privatisierungen vorweisen konnte. Im Sommer 2014 durfte das Land deshalb den sogenannten Euro-Rettungsschirm vorzeitig verlassen. Die eingegangenen Verpflichtungen muss es aber weiter bedienen.

Erzähler: Binnen zwei Jahren hat die Regierung auf Geheiß der Troika die Gehälter im öffentlichen Dienst sowie die Renten um bis zu einem Viertel gekürzt und das System der Tarifverträge in der privaten Wirtschaft zerschlagen. Das drückte die Löhne radikal herunter, vor allem für junge Leute. In der Altersgruppe bis 25 fiel das Entgelt um ein Viertel, selbst Akademiker erhalten oft nur noch den Mindestlohn von 485 Euro im Monat.

Nur – Jobs schuf das nicht. Darum verlassen seitdem jede Woche rund 2 000 portugiesische Frauen und Männer ihre Heimat. Ein

Zehntel der erwerbstätigen Bevölkerung ist schon im Exil.

Die Troika verordnete den Krisenländern sogenannte strukturelle Reformen. Denn nach ihrer Ideologie sind die Menschen deshalb erwerbslos, weil ihre Löhne zu hoch sind oder der Kündigungsschutz zu starr ist. In Portugal wurden Kündigungen drastisch erleichtert, Abfindungszahlungen gestrichen, die Verbindlichkeit der Tarifverträge abgeschafft.

Erzählerin: Kann jemand erklären, warum Massenentlassungen die Konjunktur ankurbeln? Warum die Wirtschaft sich erholt, wenn man Menschen durch Lohnkürzungen Geld entzieht? Und wie es die vielen Milchmädchen geschafft haben, in der Troika angestellt zu werden?

Erzähler: Tja. Die Aufseher aus Brüssel und Washington haben in keinem ihrer zwölf Prüfberichte über Portugals «Fortschritte» auch nur erwogen, den Staatshaushalt auch durch eine Sondersteuer auf große Vermögen zu sanieren, die in Portugal in den Händen von ein paar Dutzend Familien konzentriert sind. So habe die Troika ein «rein ideologisches Programm» befördert, das «die soziale Struktur radikal geändert hat», bilanziert der Ökonom Francisco Louçã von der Universität Lissabon.

Ökonom Francisco Louçã *(von der Leinwand)*: Zu Beginn der Finanzkrise galt für fast die Hälfte der portugiesischen Arbeiter ein Tarifvertrag, jetzt gilt er für weniger als sechs Prozent der Arbeitenden. Sie haben nur noch Einzelverträge, das heißt, sie sind extrem verwundbar für jede Art von Druck ihrer Arbeitgeber.
Das ganze System der Tarifverträge wurde aufgelöst?
Komplett. Von der Hälfte auf ein Zwanzigstel.
Das ist ein ganz anderes soziales Modell, eine andere Gesellschaftsorganisation.
Absolut. So ist es.
Busfahrer Luis Venâncio: Als Busfahrer brachte man am Monatsende 1 300 bis 1 400 Euro nach Hause. Das Durchschnittsgehalt eines

Fahrers, mit Überstunden. Jetzt kommen wir höchstens auf 900.
Ist denn wenigstens der Arbeitgeber glücklich damit und hat jetzt ein gutes Unternehmen und prosperiert? Und investiert in neue Busse oder neue Linien?
Nein, so funktioniert das nicht. Es gibt keine Neueinstellungen mehr, und uns werden die Überstunden schlechter bezahlt. Die, die da sind, arbeiten einfach mehr.

Erzählerin: Das Programm sollte doch eigentlich die Arbeitgeber begeistern. Aber hat es den Unternehmern wirklich geholfen?

Arbeitgeberpräsident António Saraiva *(von der Leinwand)*: Die Löhne in Portugal sind nicht hoch. Man muss sich nur den Mindestlohn ansehen. Er liegt in Portugal bei monatlich 485 Euro, das Durchschnittseinkommen um die 1.000 Euro.
Sollte die Troika Ihrer Erfahrung als Unternehmer hier vor Ort nicht mehr trauen als ihrer eigenen abstrakten Analyse?
In der Tat. In Portugal hält man die Niedriglohnpolitik für veraltet. Bei einer Umfrage unseres Unternehmerverbandes steht die Arbeitsmarktreform an siebter Stelle der Prioritäten. Das haben wir der Troika wiederholt deutlich gemacht. Portugal braucht innovative Modelle, hochwertige Produkte und Gehälter, die der Innovation und den hochwertigen Produkten angemessen sind.
Was genau haben Sie den Vertretern der Troika gesagt?
Wir haben unsere Erkenntnisse der Troika wiederholt mitgeteilt. Sie haben uns zwar angehört, aber fast nichts von dem in Angriff genommen, wozu wir geraten haben.

Erzähler: Sogar der hiesige Präsident des Arbeitgeberverbandes sagt also, dass die Lohnkosten und das Arbeitsrecht gar kein Problem für seine Mitgliedsunternehmen wären. Aber das interessiert die Troikaner offenbar nicht.

Albert Jaeger, deutscher Repräsentant beim IWF *(von der Leinwand)*: Viele dieser Arbeitsmarktreformen waren sehr hilfreich für die Wettbewerbsfähigkeit der Unternehmungen, aber es geht nicht nur um Arbeitskosten und Arbeitsrecht.
Hat eine Arbeitsmarktreform, die dafür sorgt, dass die Leute für weniger Geld mehr arbeiten müssen, nicht genau den gegenteiligen Effekt? Senkt sie nicht Beschäftigung, statt sie zu steigern?
Das ist, was die Wirtschaft schlussendlich braucht, um wettbewerbsfähig zu sein.
In Ihrem letzten Review stand, die Löhne seien bisher um durchschnittlich acht Prozent gesunken, aber das sei noch nicht genug. Wo ist denn mal Schluss, wann verdienen Arbeitnehmer aus Ihrer Sicht wenig genug?
In der Situation, in der sich Portugal im Moment befindet, muss die Wettbewerbsfähigkeit des Landes hergestellt werden.

Erzählerin: Und was sagen die einfachen Leute dazu? Finden sie, dass sie nun genug wettbewerbsfähig sind?

Sara Simões *(von der Leinwand)*: Ich habe in einem Reisebüro gearbeitet.
Und das wurde geschlossen?
Sara Simões: Nein, aber ich war die Jüngste dort, die natürliche Wahl.
Ah, die Jüngste wird als Erste entlassen.
Sara Simões: Und jetzt bin ich erwerbslos.
Tiago Gillot: Ich bin auch erwerbslos.
In welchem Beruf haben Sie vorher gearbeitet?
Tiago Gillot: Ich bin Wirtschaftsingenieur. Die meisten Jobangebote, die ich finde, liegen noch unter dem Erwerbslosengeld.
João Camargo: Es ist unerträglich. Ich kann es mir nicht leisten, ein Kind zu haben. Bei 550 Euro im Monat. Ich schaffe es kaum, mich selbst zu ernähren.

Sara Simões: Alles liegt bei 400 Euro, maximal 500.
Was angeboten wird, sind Jobs für einen Mindestlohn, oder noch weniger?
Sara Simões: Meistens gibt es nicht mal den Mindestlohn! Wenn man die Annoncen liest und alles durchrechnet – bekommt man nicht einmal den.
Tiago Gillot: Es ist völlig normal, dass man eine qualifizierte Arbeit für 500 Euro angeboten bekommt.
Selbst für Akademiker?
Tiago Gillot: Selbst für einen Akademiker, ja.
Sara Simões: Wenn ich bis nächsten Juni keinen Job finde, habe ich keine andere Wahl: Ich muss auswandern.
João Camargo: In 30 oder 40 Jahren wird Portugal vier Millionen Einwohner weniger haben.
40 Prozent der Bevölkerung!
João Camargo: Ja.
Europaabgeordnete Elisa Ferreira, Allianz der Progressiven Sozialisten: Die Familien haben viel investiert in das, was als eines der größten portugiesischen Probleme galt – Qualifikation und menschliche Ressourcen. Wir haben also eine Menge investiert in Universitätsabschlüsse – mit großen Fortschritten. Und jetzt gibt es plötzlich keine Arbeit mehr für all diese Jugendlichen.
Auch für die Hochqualifizierten nicht?
Elisa Ferreira: Vor allem für die Hochqualifizierten nicht. Und weil man gleichzeitig die Löhne drückt, nicht investiert, finden sie keine Arbeit und emigrieren. Das ist eine echte «Flucht der Intelligenz». So beseitigen wir die Voraussetzungen für zukünftiges Wachstum.
Ökonom Francisco Louçã: Das ist eine demographische Tragödie. Wenn es noch ein paar Jahre so weitergeht, wird nach Schätzung des nationalen Instituts für Statistik Portugals Bevölkerung von zehn auf sechs Millionen schrumpfen. Das war der Bevölkerungsdurchschnitt am Ende des 19. Jahrhunderts.

Erzähler: Die Troika-Politik treibt die Bürger aus dem Land – sie stehen Schlange vor den Konsulaten. Aber sie hätte auch ganz anders agieren können: etwa die extremen Profite der privaten Betreiber von Brücken und Autobahnen kappen. Stattdessen soll die gerade erst modernisierte Wasserversorgung privatisiert werden, warnt José Goncalves, Chef eines bislang noch kommunalen Wasserbetriebs: «Die müssen 10, 15 Jahre lang so gut wie nichts investieren, kassieren aber sofort große Gewinne.»

Was sagt der IWF dazu? Wäre es nicht sinnvoll, den Wasserbereich auszunehmen?
IWF-Repräsentant Albert Jaeger *(von der Leinwand)***:** Das ist eine Entscheidung der Regierung hier und der gewählten Vertreter hier, also das ist...
Aber das müssten Sie doch dann wenigstens nicht noch unterstützen. In Ihren Reviews, die sie alle drei Monate veröffentlicht haben in den letzten drei Jahren, stand die Wasserprivatisierung jedes Mal mit drin.
Muss man ja auch genauer hinschauen, aber generell... Privatisierung... Die Erfahrung ist, dass das eine... dass diese Unternehmungen dann effizienter betrieben werden.
Die bisherige Erfahrung beweist das Gegenteil. Ausgerechnet im Mutterland der Wasserprivatisierung läuft jetzt der große Roll-Back, nämlich in Frankreich, weil die Gemeinden durch die Bank schlechte Erfahrungen gemacht haben.
Klar. Aber ich bin mir sicher, dass diese Erfahrungen, die in anderen Ländern gemacht wurden, hier sozusagen berücksichtigt werden.
Es sind dieselben Unternehmen, die auch woanders schon schlecht gewirtschaftet haben, darum habe ich da meine Zweifel. Aber ein Sonderfall der Privatisierung ist die Banco Português des Negócios BPN. Sie wurde wegen des drohenden Bankrotts 2008 verstaatlicht, um eine Bankenpanik zu verhindern. Wahrscheinlich war das sogar vernünftig, weil im Herbst 2008 eine knifflige Lage herrschte, das kostete dann den portugiesischen Staat rund fünf Milliarden Euro. Und plötzlich stand im Memorandum of Understanding zwischen Troika und Regierung von Juni 2011, dass die Bank schon einen Monat spä-

ter verkauft werden soll. Was hatte diese Klausel im Vertrag zu suchen? Warum schreibt man in ein Memorandum, dass eine ganz bestimmte Bank binnen eines Monats verkauft sein muss?
Zu diesem Thema, ich würde sozusagen nicht so gerne jetzt kommentieren auf spezifische Fälle.

Erzähler: Bei dem übereilten Verkauf der Bank BPN, den die Troika befördert hat, ist es offensichtlich nicht mit rechten Dingen zugegangen. So kam sie in den Besitz des angolanischen Finanzkonzerns BIC. Deren portugiesischer Zweig wird vermutlich nicht zufällig von Luis Mira Amaral geführt, einem Ex-Minister der jetzigen Regierungspartei. Über die näheren Umstände will aber niemand Auskunft geben. Der Vertreter des IWF ist nicht der einzige, der schweigt. Auch bei der zuständigen EU-Kommission ist niemand bereit, dazu zu sprechen. Und von der portugiesischen Regierung gibt es ebenfalls nur Absagen. Das Parlament hat jedoch einen Untersuchungsschuss eingesetzt, in dem der Oppositionspolitiker João Semedo erstaunliche Details ans Tageslicht beförderte.

Warum wurde eine Klausel in das Memorandum of Understanding aufgenommen, dass die Bank BPN binnen eines Monats nach dessen Unterzeichnung zu verkaufen ist?
Abgeordneter João Semedo, Linksblock *(von der Leinwand)*: Die Regierung stimmte dem zu, weil der Käufer unserer Meinung nach schon vorher feststand.
Das ist schon sehr merkwürdig, weil diese Klausel den potentiellen Käufern signalisierte, dass der Staat zu jedem Preis verkaufen musste. Die Verhandlungsposition des Staates war damit gleich null.
Die portugiesische Regierung hat alles sogar noch schlimmer gemacht. Die Auktion wurde so schnell eröffnet, dass sich andere Bewerber nicht mehr beteiligen konnten.
Aber warum?
Weil die portugiesische Regierung aus rein politischen Grün-

den gute Beziehungen zum angolanischen Finanzwesen haben möchte. Deshalb verkauften sie für 40 Millionen Euro, das ist nichts für eine Bank mit so vielen Filialen.

Einer der Haupteigentümer ist die Tochter des angolanischen Präsidenten...

Wir wissen, dass die Tochter des angolanischen Regierungspräsidenten schon oft mit illegalen Zahlungen und Finanzierungen in Verbindung gebracht wurde.

Wie viel Geld hat die portugiesische Regierung durch den Verkauf verloren?

Mindestens 5 000 Millionen Euro.

Fünf Milliarden Euro?

Fünf Milliarden Euro.

Warum hat die Troika diesen absurden, verschwenderischen Plan unterstützt?

Weil die Regierung, als sie das Abkommen mit der Troika unterschrieben hat, gehofft hatte, durch den Verkauf der BPN könne man verhindern, dass der Staat weiter Geld mit der BPN verliert. Doch das stimmt nicht: Der Staat verliert bis heute Geld. Nicht mit der BPN, sondern mit dem Giftmüll, der entstand.

Wie ist das möglich?

Der Müll existiert weiterhin in drei Gesellschaften.

Die man als Bad Banks bezeichnen könnte...

Ja. Bad Banks. Vom Staat geschaffen, um den Giftmüll der BPN aufzubewahren. Es ist ein Skandal, dass so etwas möglich ist! Dass die Troika, bzw. die Institutionen, aus denen sie besteht, ein derart ruinöses Geschäft genehmigt.

Das würde ja bedeuten, dass die Institutionen der Troika mithelfen, dubiose, möglicherweise korrupte Beziehungen zu decken.

Die Troika wird immer behaupten, dass der portugiesische Staat die Verantwortung trägt – und niemals zugeben, dass für den Verkauf der Bank die Troika selbst verantwortlich war.

Chor der Götter der Troika *(aus dem Off)***:** Tut Buße!
Ihr habt gesündigt und geprasst und über eure Verhältnisse gelebt.
Ihr seid schuldig, also habt ihr eure Schulden zurückzuzahlen.

Chor der Klageweiber:
Oh ihr Götter von der Troika
Oh ihr holdes Dreigestirn
Habt doch Mitleid
Mit den armen Portugiesen...

(Noch mehr Unruhe im Publikum)

Meckerdemonstrant: Eure Heulerei geht mir auf die Nerven!

(SPANIEN)

Erzähler: Als nächstes fiel das Eurokrisenland Spanien unter die Kuratel der Troika. Dort waren die Zinsen mit dem Start des Euro 2002 ebenfalls drastisch gefallen. Das verführte Banken und Regierungen dazu, sich viel Geld für Projekte zu leihen, viel mehr, als es an Ersparnissen in ihren Ländern gab.

So machten spanische Kreditnehmer allein bei deutschen und französischen Banken in den drei Jahren nach 2005 322 Milliarden Euro neue Schulden. Das meiste davon wurde in Immobilien investiert, nur weil die Anleger überzeugt waren, die Preise dafür würden immer weiter steigen. Aber so wurde viel mehr gebaut, als gebraucht wurde: Zehntausende von Ferienwohnungen, die jetzt als Bauruinen leer stehen, oder ein Großflughafen in der Kleinstadt Ciudad Real, der nie in Betrieb ging. Die meisten Fehlinvestitionen finanzierten die 45 regionalen Sparkassen, die von Politikern der Großparteien, der sozialistischen PSOE und der konservativen PP, kontrolliert wurden.

Als die Kreditblase 2009 platzte, suchte die damals von den Sozialisten geführte Regierung das Heil darin, den Finanzsektor völlig umzubauen. 45 Banken und Kassen fusionierten zu 13 Geldhäusern. Schon dafür flossen 20 Milliarden Steuer-Euro als Startkapital. Zu keinem Zeitpunkt erwogen die Verantwortlichen, ausländische Investoren über einen Schuldenschnitt an den Kosten ihrer Fehlinvestments zu beteiligen. Stattdessen verkauften sie Aktien der neu fusionierten Banken an spanische Sparer – als vermeintlich sichere Anlage.

Erzählerin: Besonders dreist trieben es Manager der größten Neugründung «Bankia», die aus der Caja Madrid und sechs weiteren Kassen Spaniens viertgrößte Bank machten. Unter Führung des früheren spanischen IWF-Chefs Rodrigo Rato drehte sie ahnungslosen Anlegern Aktien für mehr als drei Milliarden Euro an, obwohl sie mehr faule Kredite in den Büchern hatte als jede andere Bank.

Erzähler: Die Stunde der Wahrheit kam im Mai 2012. Als durchsickerte, dass Bankia vor der Insolvenz stand, verlor Ex-IWF-Mann Rato seinen Posten, und der neu gewählte konservative Premier Mariano Rajoy kündigte die Verstaatlichung der gerade erst privatisierten Bank an. Weitere 10 Milliarden Euro Steuergeld sollten fließen. Es kam noch schlimmer. Am 25. Mai erklärte der neu ernannte Chef von Bankia, deren Bilanz sei gefälscht worden, und legte neue Zahlen vor. Danach fehlten seinem Konzern volle 19 Milliarden Euro, um weiter operieren zu können. Die beiden schiefen Türme der Bankia-Zentrale in Madrid wurden zum Symbol der spanischen Krise.

Parallel dazu meldeten auch die anderen Großsparkassen enorme Verluste, und Rajoys Regierung verlor im wahren Sinn des Wortes ihren Kredit. Obwohl Spaniens Staatskasse weit weniger verschuldet war als etwa die deutsche, konnte sie neue Kredite nur noch zu ruinösen acht Prozent Zins aufnehmen. Trotzdem hielten Rajoy und sein Finanzminister Julio de Guindos – früher Chef der spanischen Tochter von Lehman Brothers – am alten Konzept fest. Keine Bank sollte abgewickelt werden, kein Gläubiger sein Geld verlieren. Wo den Banken das Kapital ausging, sollten die Steuerbürger es ersetzen. Dafür beantragten sie beim Rettungsfonds ESM der Euro-Staaten einen Notkredit von 100 Milliarden Euro, der auch prompt gewährt wurde.

Abgeordnete im Bundestag empörten sich zwar, dass ihre Wähler nun für Spaniens Bankschulden in Haftung gehen müssten. Doch merkwürdig: Niemand fragte, bei wem die iberischen Banker ihre vielen Schulden eigentlich hatten. Nur das Fachblatt «International Financial Review» schrieb Klartext und betitelte einen Bericht über die Außenstände deutscher Banken bei spanischen Geldhäusern von 40 Milliarden Euro so: «Spanish bailout saves German pain» («Spaniens Rettung erspart den Deutschen Schmerz»).

Erzählerin: Allein die Aktivisten der M15-Bewegung, die am 15.Mai 2011 begann, stemmten sich gegen die Milliardenzahlungen. Viele Monate lang besetzten sie die Puerta del Sol, den zentralen Platz in Madrid. Die Massenproteste richteten sich gegen die Sparpolitik und die Zwangsräumungen. Menschen, die ihre Wohnungen nicht mehr bezahlen konnten, wurden zwangsgeräumt, mussten aber auch als Obdachlose ihre Schulden weiterbezahlen – an die Banken, die den ganzen Schlamassel verursacht hatten.

Genauso gut könnte man eine staatliche Blutbank für Dracula einrichten. Oder die Kühe zwingen, die Milch für ihre Kälber zu kaufen. Oder eine Sonnensteuer einführen – ach sorry, das hat die spanische Regierung sogar gemacht. Solarenergie ist dort nur noch für Reiche bezahlbar.

Erzähler: Der Anwalt Juan Moreno ist einer der führenden Köpfe der M15-Bewegung. Er trug in seinem kleinen Büro in Sevilla akribisch die Informationen über die Verfehlungen der spanischen Finanzelite zusammen. Er reichte Klage ein, um den Geldfluss an Bankia zu stoppen, und forderte die Offenlegung der Daten über deren Zahlungsverpflichtungen.

Anwalt Juan Moreno *(von der Leinwand)***:** Das Gericht sollte bei Bankia intervenieren und die Auszahlung von Staatsgeld stoppen. Denn diese sogenannte Rettung verwandelt Schulden, die Bankia bei privaten Investoren hat, in Schulden für alle Bürger, die sie dann über ihre Steuern bezahlen müssen.

Warum hatte die Klage keinen Erfolg?

Der Richter wollte unsere Vorwürfe zunächst prüfen. Doch die Regierung hat ihm den Einblick in die Dokumente der Bank verwehrt. Er hat die Klage schließlich mit der Begründung abgelehnt, dass die staatlichen Aufseher von der Zentralbank ohnehin die

Bank kontrollieren. Aber da wurde der Fuchs eingesetzt, den Hühnerstall zu bewachen. Dieselben Leute haben schon vorher den Betrug zugelassen.

Welchen Betrug?

Die erste vorgelegte Bilanz für das Jahr 2011 war falsch, statt 300 Millionen Euro Gewinn hatte Bankia in Wahrheit 19 Milliarden Euro Verlust gemacht. Und gefälscht wurde nicht nur an der Spitze. Auch viele Filialleiter haben Kontodaten gefälscht. Da hat sich eine Kultur der Täuschung entwickelt; in dieser Bank arbeiten viele Kriminelle. Darum kann die Regierung nicht belegen, ob es wirtschaftlich sinnvoll ist, die Bank fortzuführen.

Der spanische Wirtschaftsminister de Guindos sagt, ein unabhängiges Gutachten belege, dass Bankia mit der Einzahlung von jetzt noch mal 19 Milliarden Euro neuem Kapital saniert werden könne.

Ach ja? Erst waren es 3 Milliarden, dann 4, jetzt kommen noch mal 19 Milliarden hinzu, und wie viel wird es nächstes Jahr sein? Das Gutachten beruht nur auf Stichproben. Wie viel die Immobilien im Besitz der Bank am Ende bringen werden, weiß niemand.

Wenn Sie sich durchsetzen würden, müsste Bankia Insolvenz anmelden. Und das brächte das ganze spanische Bankensystem in Gefahr, sagt Minister de Guindos.

Das ist nur Angstmache. Es kann ja sein, dass einige andere Banken dann auch Bankrott anmelden, weil sie zu viele Schuldtitel von Bankia halten. Aber unsere Großbanken Santander, BBVA und Caixa würden das überstehen. Man kann eine solche Insolvenz so organisieren, dass die privaten Einlagen der Sparer gesichert werden und eine Panik in der Bevölkerung vermieden wird. Wirklich verlieren würden nur die großen Investoren, vor allem im Ausland.

Fachleute haben berechnet, dass man die ungesicherten Gläubiger von Bankia – also jene, denen die Bank keine anderen Wertpapiere oder Immobilien als Sicherheit überschrieben hat – zu einem «Bail-In» heranziehen könnte, also deren Forderungen in Anteile an der Bank verwandeln müsste, um so die Bank auch ohne Staatsgeld zu sanieren.

Das wäre die einzig sinnvolle Alternative gewesen. Doch die Regierung Rajoy will verhindern, dass die Gläubiger aufdecken, was die Politiker vorher mit dem Geld der Sparkassen gemacht haben. Ein großer Teil der Schulden ist aus Zahlungen entstanden, die an die Parteien gingen, an Stadtverwaltungen, an nahestehende Unternehmen von Freunden der Regierung. Wenn man das Fass aufgemacht hätte, wäre die politische Klasse von der Bildfläche verschwunden.

Wenn die Euro-Staaten Spanien 100 Milliarden Euro für die Bankensanierung leihen, dann stützt dieses Geld ein korruptes System?
Ja, so ist es leider.

Ihre Argumente bestätigen jene Kritiker in Deutschland, die sagen, man solle Spanien keine Kredite geben, weil das ein Fass ohne Boden sei. Was raten Sie den Deutschen, wie sie damit umgehen sollen?
Fordern Sie die Daten! Fordern Sie die Angaben, welche Pleitebank wem wieviel schuldet. Dann können wir offen entscheiden, wie die Lasten verteilt werden.

Erzähler: Aber die Regierung Rajoy verbietet selbst dem Gericht die Einsicht in die Bücher des staatseigenen Geldkonzerns und dokumentiert einmal mehr: Die Geheimhaltung ist die wichtigste Waffe der Bankenretter. Denn sie verhindert, dass «die einzig vernünftige Alternative», wie Anwalt Moreno sagt, überhaupt geprüft wird: die Beteiligung der Gläubiger an den Kosten der Bankensanierung durch die Umwandlung von Forderungen in Anteile an der Gesellschaft. «Bail-In» statt «Bail-Out» nennen Fachleute dieses Verfahren, bei dem das Eigentum an der Bank an Gläubiger übergeht, die im Gegenzug auf ihre Forderungen verzichten. Warum wird nicht mal erwogen, die vorrangigen Gläubiger an den Lasten zu beteiligen, mit einem Tausch ihrer Ansprüche gegen Bankaktien?

Ökonom Juan Rallo *(von der Leinwand)***:** Das weiß ich nicht. Aber es wäre das Vernünftigste für unser Bankensystem. Übrigens das einzig Vernünftige. Stattdessen wollen sie alles bezahlen, mit dem Geld der spanischen Steuerzahler. Das ist verrückt!
Das größte Problem hat Spanien mit Bankia. Sie wird am Ende rund 30 Milliarden vom Staat bekommen. Gleichzeitig heißt es im Bilanzbericht von Bankia, sie habe ungesicherte Schulden von 27 Milliarden Euro. Wer sind die Inhaber dieser Schuldtitel?
Das wissen wir nicht genau. Die Behörden machen regelrecht ein Geheimnis daraus und verraten nicht, wer die Begünstigten sind. Ich weiß auch nicht, warum.
Wer sind die Leute, denen ich als Steuerzahler das Risiko abnehme? Sollten wir nicht die Namen der Gläubiger von Bankia zum Beispiel erfahren?
Spanischer Wirtschaftsminister Luis de Guindos: Das ist keine lebenswichtige Information, sozusagen.

Erzähler: Wer diese Leute sind, möchte der Ex-Chef der spanischen Lehman Brothers nicht einmal ermitteln. So exekutiert auch Spanien den Freikauf aller Fehlinvestoren zulasten seiner Steuerbürger. Mindestens 60 Milliarden Euro Staatsgeld sind dafür bereits geflossen. Aber das Volumen fauler Kredite steigt, und Analysten erwarten, dass am Ende auch der ESM-Kreditrahmen von 100 Milliarden nicht reichen wird. Der Abfluss der Milliarden ins Ausland für die Bedienung der Gläubiger zieht die spanische Wirtschaft jedoch immer tiefer in den Verfall – mit ausdrücklicher Billigung der anderen Euro-Staaten.

Nicht einer der Verantwortlichen will die Haftung der Investoren durchsetzen. Zuvor sind schließlich auch in Portugal und Griechenland die Gläubiger der dortigen Banken vorbehaltlos gerettet worden. Finanzminister Schäuble leugnet sogar, dass Investoren überhaupt Mitverantwortung tragen. Das Geld sei den Spaniern ja «nicht mit Waffengewalt aufgezwungen worden», sagt er.

Schwäbische Hausfrau *(kehrt immer noch)*: «Ein jeder kehre vor seiner Tür, und sauber isch das Stadtquartier...»
(Der Dreck wirbelt wieder auf die Bühne zurück, immer größere Unruhe im Publikum)

Bürgerlicher Zuschauer *(im Anzug, steht auf und erregt sich)*: So ein mieses Stück! Was soll denn das Ganze? Wo ist der Wendepunkt? Eine ordentliche griechische Tragödie hat einen Wendepunkt!

Bürgerliche Zuschauerin *(im Abendkleid, steht ebenfalls auf und ruft)*: Am Ende jeder Tragödie stirbt der Held. Aber die Heldin Dimokratía ist schon jetzt tot, was soll denn das!

Einfaches Volk auf der Bühne *(wütend)*: Und das sind die einzigen Probleme, die ihr habt? Dieser Formalkram? Sitzen die Jamben nicht richtig? Ist das Versmaß nicht genug geglättet und gebügelt? Uns geht es um die nackte Existenz!
(Tumulte, alle schreien durcheinander)

Erzählerin: Ruhe bitte! Vielleicht kann ich das Publikum ein wenig beruhigen... *(Tumult ebbt ab)* ...indem ich darauf hinweise, dass sich das EU-Parlament Ende 2013 kurz vor den Europawahlen auf sein Recht und seine Pflicht zur demokratischen Kontrolle besonnen hat. Zwei Berichterstatter, die Europaabgeordneten Othmar Karas von der österreichischen ÖVP und Liem Hoang-Ngoc von den französischen Sozialisten, haben einen Untersuchungsbericht zur Troika-Politik geschrieben, der im März 2014 von einer großen Mehrheit des Parlaments verabschiedet wurde.

Zwar habe die Troika geholfen, hieß es darin, eine Pleite Griechenlands und der anderen Krisenländer mit schwerwiegenden Folgen für die gesamte Eurozone zu verhindern. Es gebe jedoch «keine Gewähr dafür, dass dies langfristig vermieden werden kann.» Sozialkürzungen hätten die Armut in den betroffenen Ländern stark vergrößert. Zudem sei die Troika in sich zerstritten gewesen und hätte damit die Folgen ihrer Politik verschlimmert:

Der IWF habe auf Lohn- und Rentenkürzungen bestanden, die EU-Kommission auf Haushaltskonsolidierung. Beides zusammen habe private und öffentliche Nachfrage gleichzeitig abgewürgt und eine Konsolidierung verhindert – wobei der IWF nach Meinung des früheren attac-Aktivisten und jetzigen grünen Europaabgeordneten Sven Giegold sogar noch die flexiblere Rolle spielte. Und wie und warum die EZB die Dritte im Bunde wurde, sei erst gar nicht zu klären gewesen.

Erzähler: Bei der Untersuchung herausgekommen ist aber nur eine Kritik der rechtlich fragwürdigen Konstruktion. Die Troika arbeitete zwar im Auftrag der Euro-Regierungen, aber außerhalb der Vorgaben des EU-Vertrags. So entzog sie sich der parlamentarischen Kontrolle, und die Abgeordneten ließen sich das fast vier Jahre gefallen. *Wie* die Beamten der Troika ihre Macht eingesetzt haben, wollte die konservative Mehrheit des Parlaments gar nicht genau wissen.

Erzählerin: Die Troika sei eine «Notkonstruktion», die «ohne rechtliche Grundlage» geschaffen worden sei, kritisierte der Konservative Karas. Sie sei «außer Kontrolle und illegal», befand der Sozialist Ngoc. Wörtlich sagte er: «Die Troika ist die extremste Äußerung des demokratischen Rückschritts in Europa.» Und weiter: «Im Europäischen Rat und in der Eurogruppe übertragen die nationalen Regierungen ihre Macht de facto an unkontrollierte und illegale Staatsbeamte.» Seine Folgerung: «Ich bin zu dem Schluss gekommen, dass die Troika zerlegt werden muss.» Die europäischen Völker und ihre gewählten Vertreter hätten «die Pflicht sich zu widersetzen» und die repräsentative Demokratie wiederherzustellen. Im Bericht heißt es nun, sie sei längerfristig schrittweise abzuschaffen und ihre Arbeit von einem Europäischen Währungsfonds zu übernehmen.

Aber wäre das die Lösung? Wer kontrolliert die dann?
EU-Abgeordnete Elisa Ferreira, Allianz der Progressiven Sozialdemokraten, Portugal *(von der Leinwand)***:** Da wurde ein Monster geschaffen, die Troika und all diese Mechanismen. Das

läuft komplett außerhalb der Institutionen der Europäischen Union. Es war nur eine Abmachung unter den Regierungen. Doch das zeigt, dass in der Architektur der Eurozone etwas fehlt.

EU-Abgeordneter Philippe Lamberts, Grüne, Belgien: Für einen Beamten der Kommission ist es leicht zu sagen: «Kürzt die Gesundheitsausgaben in Griechenland!» Er muss nicht den politischen Preis dafür zahlen. Doch wenn die Debatte in einem Parlament stattfindet, im Europäischen Parlament, wo auch griechische Abgeordnete sitzen, wird es politisch viel schwieriger, zu sagen: Wir Europaabgeordneten beschließen für Griechenland Kürzungen im Gesundheitswesen, die sich ganz konkret auswirken – mehr Krankheiten, mehr Aids, mehr Tote. Man muss sich anschauen, wer die Mehrheit im Europäischen Parlament hat. Es war und ist jetzt noch stärker eine rechte Mehrheit, und sie unterstützt diese Ideologie.

Erzähler *(sarkastisch)*: Und was passierte nach der Untersuchung des EU-Parlaments? Nichts! Der Bericht hatte keinerlei Folgen. Die Troika machte einfach weiter.

4. Akt:
Die Troika zieht nach Zypern

Schwäbische Hausfrau *(kehrt weiter phlegmatisch die Bühne, ohne dass Staub und Dreck weniger würden)*: «Ein jeder kehre vor seiner Tür, und sauber isch das Stadtquartier...»

(Buh-Rufe aus dem Publikum)

Chor der Klageweiber:
Und weiter zog die Troika
Nach Zypern auf die Insula
Die Berge hoch, die Sonne heiß
Das Geld der Banken von gold'nem Gleiß...

Chor der Götter der Troika *(aus dem Off)*: Tut Buße, ihr Zyprioten!
Ihr habt gesündigt und über eure Verhältnisse gelebt.
Ihr seid schuldig, also habt ihr eure Schulden zurückzuzahlen.

(Weitere Buh-Rufe)

Erzähler: Der Zypriot Nicholas Papadopoulos ist als erfahrener Politiker so manche Härte gewohnt. Seit 2006 ist er Abgeordneter im Parlament der Inselrepublik Zypern und leitet dort den Finanzausschuss. Zugleich ist er Chef der sozialliberalen Diko-Partei und jeder politischen Radikalität unverdächtig. Doch wenn der 41-Jährige die Geschichte der Troika erzählt, dann überschlägt sich seine Stimme, und die Wut treibt ihm die Tränen in die Augen.

Sein Land sei Opfer eines «dreisten Überfalls» geworden. «Sie haben uns dreieinhalb Milliarden Euro gestohlen und einer griechischen Bank zugeschoben», sagt er. Das seien die Rücklagen gewesen, «für die unsere Leute ihr Leben lang gespart oder ihre Pensionsgelder eingezahlt haben». Nun würden viele auch noch ihr Haus verlieren, um die Verluste zu decken.

Als Zypern 2013 Notkredite benötigte, machte die Troika den Verkauf der griechischen Filialen von Zyperns Banken zur Bedingung. Was bedeutete das für die Zyprioten?
Abgeordneter Nicholas Papadopoulos *(von der Leinwand)*: Das bedeutete, dass die beiden größten Banken in Zypern auf einen Schlag insolvent wurden.
Warum?
Weil wir die Filialen in Griechenland verschenkt haben. Sie waren vier Milliarden Euro wert, aber auf europäischer Ebene wurde eine Entscheidung getroffen: Wir wurden gezwungen, diese Filialen für 500 Millionen zu verkaufen. Durch diese Entscheidung verloren wir dreieinhalb Milliarden. Das bedeutete gleichzeitig, dass die Bank, die diese Filialen bekam, die Piräus Bank, einen Gewinn von dreieinhalb Milliarden machte. Diese Verluste wurden von den zypriotischen Anlegern getragen, während es für die griechischen Anleger keine Konsequenzen hatte.
Wer genau traf diese Entscheidung?
Die Eurogruppe. Die Troika, die Troika in Griechenland und die Troika in Zypern, zusammen mit den Zentralbanken.
Und das geschah vorsätzlich?
Es geschah vorsätzlich, weil auf politischer Ebene entschieden wurde, dass Zypern nicht so wichtig ist wie Griechenland.
Die Eurogruppe hat bewusst entschieden, die Zyprer zu enteignen und deren Vermögen auf die griechische Seite zu übertragen?
Sie haben das Geld der zypriotischen Anleger genommen und es einer griechischen Bank gegeben. Genau das ist passiert. Aus meiner Sicht ist das einer der größten Skandale in der Geschichte der Eurozone. Ein paar Leute haben mit diesen Transaktionen Milliarden verdient.
Aber das zypriotische Parlament und die Regierung haben dem Deal zugestimmt?

Ja, mit der Pistole auf der Brust. Wir wurden gezwungen, dem Deal zuzustimmen, weil wir bankrott waren.

Erzählerin: Schon wieder einer, der sagt, dass seine Regierung mit der Pistole auf der Brust handeln musste.

Was Sie sagen, ist eine schwere Anschuldigung gegen die zuständigen Minister, die Vertreter der anderen Euroländer, gegen die EZB und die EU-Kommission.
Abgeordneter Papadopoulos *(von der Leinwand)*: Lassen Sie mich deutlich werden: Was in Zypern geschah, war ein dreister Überfall. Auf Staatsebene. Ich wiederhole: Einige haben Milliarden mit diesen Transaktionen verdient. Die Piräus Bank.
Privat?
Natürlich. Der Eigentümer der Piräus Bank, Herr Salas, hatte faule Kredite bei einer der Banken, die verkauft wurden. Über 150 Millionen in Darlehen. Diese Kredite wurden abgeschrieben nach der Transaktion. Wir haben ihnen unser Geld gegeben. So einfach ist es.
Was wissen Sie über die Rolle der Europäischen Zentralbank dabei?
Ich glaube, dass ihre Rolle sehr fragwürdig ist und untersucht werden sollte.

Erzähler: Der Weg in den dubiosen Milliardendeal begann mit dem wirtschaftlichen Absturz der Republik Zypern im Jahr 2012. Bis dahin zählte das kleine Land mit seinen 800.000 Einwohnern zu den reichsten in Europa. Mit niedrigen Steuern und laxen Kontrollen hatte sich die Inselrepublik zu einem Finanz- und Steuerfluchtzentrum entwickelt. Reiche aus aller Welt und besonders viele aus Russland versteckten hier ihr Schwarzgeld vor dem heimischen Fiskus. Das hat Zyperns Finanzsektor stark gemacht. Die Bilanzen der drei Großbanken Laiki, Hellenic und Bank of Cyprus waren auf eine Summe vom Achtfachen der Wirtschaftsleistung des Landes angewachsen. Glitzernde Bankpaläste und Hunderte vornehmer Anwaltskanzleien in der Hauptstadt Nikosia zeugten vom importierten Reichtum.

Der Rückschlag kam im April 2012. Die zyprische Finanzbranche verlor mit dem in Brüssel beschlossenen Schuldenerlass für Griechenland auf einen Schlag vier Milliarden Euro, ein knappes Viertel des Bruttoinlandsprodukts. Denn die zyprischen Banken waren über ihre großen Tochtergesellschaften in Hellas neben den griechischen Banken als wichtigste Kreditgeber des griechischen Staates übrig geblieben. Doch während die Eurostaaten die griechischen Banken mit 40 Milliarden Euro neuem Kapital austatteten, überließen sie Zyperns Finanzsektor seinem Schicksal. Die Regierung des damaligen Präsidenten Dimitris Christofias stützte mit 1,8 Milliarden Euro die besonders angeschlagene Laiki-Bank, geriet dadurch aber selbst in Zahlungsnot. Auch Zypern musste Kredit bei den Eurostaaten beantragen und mit den Beamten der Troika verhandeln. Aber Zypern hat in der EU keine Freunde.

Das erfuhr Michael Sarris in aller Härte. Sarris, heute im Rentenalter, wurde im Februar 2013 Finanzminister in höchster Not. Die Zyprer hatten die Links-Regierung von Christofias wegen ihres miserablen Krisenmanagements abgewählt. Nun sollten der neue konservative Präsident Nikos Anastasiades und sein Finanzminister retten, was zu retten war. Sarris, im privaten Umgang ein weltgewandter Charmeur, war ein Veteran im Geldgeschäft. 30 Jahre war er bei der Weltbank, anschließend schon mal Finanzminister, dann Krisenmanager bei einer Bank. Was ihn nun erwartete, hätte er dennoch «niemals für möglich gehalten», erzählt er.

Erzählerin: Am 3. März 2013, gerade fünf Tage im Amt, reiste er nach Brüssel, um über den Notkredit zu verhandeln. Doch gleich beim ersten Treffen mit seinem deutschen Kollegen Schäuble und den leitenden Beamten der Troika erfuhr er, dass es nichts mehr zu verhandeln gibt. «Alles war längst entschieden», sagt Sarris. Ja, die zyprische Staatskasse solle Kredit bekommen, um ihre Schulden bedienen zu können. Aber kein Cent des geliehenen Geldes dürfe zum Ausgleich der Bankverluste genutzt werden, erklärten die Eurostrategen. Sarris war schockiert: Ohne Staatsgeld müssten die Aktionäre und Gläubiger der Banken für deren Verluste haften – und die Kunden. Der «Bail-In» auf Kosten der Einleger sei «wirtschaftlicher Selbstmord» für Zypern, argumentierten Sarris und sein Präsident in den folgenden zwei Wochen immer wieder – vergeblich.

Denn auf Drängen der deutschen Regierung wollten die Eurofinanzminister an Zypern ein Exempel statuieren. Kanzlerin Merkel hatte versprochen, anders als in allen anderen Eurostaaten sollten diesmal «diejenigen in die Verantwortung genommen werden, die das Problem verursacht haben», also jene, die den Pleitebanken ihr Geld anvertraut hatten. Das war in diesem Fall leicht. Die Finanzinstitute der übrigen Eurostaaten hatten ihr Geld längst abgezogen. Deutsche oder französische Anleger waren nicht mehr in Gefahr.

Erzähler: Umso härter sollten die Kunden der zyprischen Banken bluten. Wer mehr als 100 000 Euro auf dem Konto hatte, sollte haften, um die Verluste von bis zu acht Milliarden Euro zu decken. Die Strafaktion gegen die als Geldwäscher gebrandmarkten Zyprioten barg allerdings ein unkalkulierbares Risiko: Die zyprischen Banken machten rund ein Drittel ihres Geschäfts in Griechenland und hatten daher auch Tausende griechischer Einleger. Würden auch sie in Haftung genommen, würde in Griechenland eine Bankenpanik ausbrechen und das griechische Finanzsystem kollabieren, warnten Experten der EZB. Das wollten die Eurominister und ihre Troika unbedingt vermeiden. Schließlich hatten sie dem griechischen Staat gerade erst 40 Milliarden Euro aus dem Eurorettungsfonds ESM geliehen.

Und so ersannen Beamte der EZB und der EU-Kommission einen abenteuerlichen Plan: Zyperns Banken sollten gezwungen werden, ihre gesamten griechischen Filialen zu verkaufen, um Hellas vom Schock in Zypern abzuschotten. Der Schutz des privaten Eigentums, in der EU ein Grundrecht, sollte in diesem Fall nicht gelten.

Als der zyprische Finanzminister Sarris sein Amt antrat, wusste er nichts davon. Dabei war die Operation seit Monaten in Planung. Schon im Januar 2013, lange vor der Neuwahl in Zypern, hatte eine Gruppe von EZB-Beamten das Szenario einer «unfreiwilligen» Aufspaltung der Zypernbanken durchgespielt. Dazu erstellten sie ein ausführliches Memo, das sie als «confidential» und «restricted» nur einem kleinen Kreis zugänglich machen. Mit im Team war auch ein griechischer Jurist, der den Justitiaren der griechischen Bank Piräus eng verbunden war. Das Memo kam zu einem brenzligen Ergebnis: Würden die griechischen Filialen der Zypern-Banken zu einem Preis verkauft, bei dem alle denkbaren künftigen Verluste schon einkalkuliert sind, wären die Mutterkonzerne Laiki und Bank of Cyprus «technisch insolvent», schrieben die EZB-Strategen. Mit anderen Worten: Ein solcher Zwangsverkauf würde Zyperns Geldhäuser zusammenbrechen lassen.

Sarris erfuhr zunächst nichts davon. Die Beamten der Eurogruppe erklärten ihm nur ultimativ, dass es ohne die Abspaltung des Hellas-Geschäfts der Banken keinen Notkredit für die Regierung geben würde. «Wir sollten raus aus Griechenland, und das sofort, obwohl so etwas normalerweise Monate der Vorbereitung und die Unterstützung von erfahrenen Investmentbankern erfordert hätte», kritisierte Sarris. Ihm dagegen blieben gerade mal zwölf Tage.

Erzählerin: Die EZB spielte hier sogar die Rolle der Gesetzgeberin. Unter Führung des damaligen deutschen EZB-Direktors Jörg Asmussen entwarf die juristische Abteilung der Zentralbank ein Gesetz, das die zypriotische Notenbank ermächtigen sollte, Banken im Krisenfall übernehmen und damit auch ins Ausland verkaufen zu können. Derselbe EZB-Jurist, der der griechischen Piräus Bank verbunden war, stellte das Gesetz dann auch im Parlament von Zypern vor. «Mit der Pistole auf der Brust», wie es der Abgeordnete Nicholas Papadopoulos formulierte, stimmte es dem letztlich zu.

Erzähler: Über den geplanten Zwangsverkauf der griechischen Filialen verlor der EZB-Gesandte allerdings «kein Wort», erinnert sich Papadopoulos. Kein Wunder, denn das hätte die entscheidende Frage aufgeworfen: Zu welchem Preis soll verkauft werden?

Im normalen Geschäftsleben machen das Käufer und Verkäufer unter sich aus. Hier saßen sie nicht mal am Verhandlungstisch, weil «die Troika dagegen» war, wie später ein Untersuchungsausschuss des Parlaments feststellte. So fuhren statt der Bankmanager Beamte des zyprischen Finanzministeriums am 9. März 2013 gemeinsam mit Vertretern der zyprischen Notenbank zur Verhandlung nach Athen. Dort hielt Georgios Provopoulos, der ebenso umstrittene wie mächtige Zentralbankpräsident, alle Fäden in der Hand. Besonders eng verbunden war er der Bank Piräus, für die er früher selbst gearbeitet hatte.

Unter der Ägide von Provopoulos nutzten die griechischen Banker «unsere Zwangslage rücksichtslos aus», erzählt ein beteiligter Zyprer. Das Geschäft der drei Zypern-Banken in Griechenland hatte zu diesem Zeitpunkt einen Wert («net asset value») von fast acht Milliarden Euro, ermittelten Experten von Zyperns Zentralbank. Aber die Griechen boten nicht einmal 500 Millionen. Als die Verhandlungen scheiterten, so berichtet Minister Sarris, beauftragten die Beamten der Eurogruppe den damaligen EU-Kommissar Joaquim Almunia und dessen Abteilung Wettbewerb mit der Schlichtung.

Erzählerin: Doch merkwürdig: Die vermeintlichen Schlichter suchten keinen Kompromiss, sondern schlugen sich auf die Seite der griechischen Banken. Ihr Schlichtungsvorschlag kalkulierte den Wert der griechischen Filialen systematisch nach unten, berichteten die Beamten der zyprischen Notenbank später dem Untersuchungsausschuss. Als ob es dem Drehbuch der EZB-Strategen folgen würde, brachte das Konzept die für den schlimmsten Fall zu erwartenden künftigen Verluste in Abzug. Damit schrumpfte der Wert aller zu verkaufenden Anlagen und Kundenkredite um mehr als drei Milliarden Euro. Zudem sollten die Verkäufer, also die zyprischen Banken, dem griechischen Erwerber auch noch die Hälfte des benötigten Eigenkapitals schenken. Die Vorstände der drei betroffenen Banken wiesen das faule Angebot allerdings brüsk zurück.

Erzähler: Doch die Eurofinanzminister übernahmen die merkwürdige Kalkulation ungeprüft und ließen Zyperns Finanzminister und seinem Präsidenten Anastasiades keine Alternative. Als in der Nacht vom 15. zum 16. März 2013 im Brüsseler Rat über das Kreditprogramm entschieden wurde, mussten sie nicht nur die Haftung der Sparer akzeptieren, sondern auch den Zwangsverkauf des Griechenlandgeschäfts zum Schleuderpreis. EZB-Direktor Asmussen drohte während der Sitzung, den zyprischen Banken den Zugang zu den Krediten der Zentralbank zu entziehen und damit Zypern aus der Eurozone zu werfen.

Zyperns Ex-Finanzminister Michael Sarris *(von der Leinwand)*: Sie haben es uns ins Gesicht gesagt: entweder dem Programm zuzustimmen, was bedeutete, dass wir die Pfändung bei den Einlegern hinnehmen mussten. Oder wir hätten die Eurozone verlassen müssen. Das wäre die komplette Katastrophe für unsere Wirtschaft gewesen. Das war genau so, wie es klingt: Friss oder stirb.

Erzählerin: Schon wieder jemand, der mit der Pistole an der Brust handelte.

Erzähler: Es dauerte noch eine Woche und eine weitere Sitzung der Eurogruppe, um den Widerstand der Zyprer zu brechen, dann war die Sache durch. Zyperns Banken mussten ihr Griechenlandgeschäft für nur 524 Millionen Euro abtreten. Käufer war die Piräus-Bank. Auf einen Schlag verlor allein die Bank of Cyprus mehr als zwei Milliarden Euro und damit ihr ganzes Eigenkapital. Sie wurde insolvent, wie es die EZB-Planer schon im Januar 2013 vorausgesehen hatten.

Mindestens eine weitere Milliarde verlor auch die Laiki-Bank. Wie geplant stellte die Notenbank als Aufsichtsbehörde die beiden Großbanken unter Zwangsverwaltung und fusionierte sie, während deren Kunden gut sechs Milliarden Euro ihrer Einlagen in neue Bankaktien tauschen mussten, die nicht mal ein Zehntel der Summe wert waren. Zwei Drittel der Verluste trafen Anleger aus dem Ausland, die bewusst ein Risiko eingegangen waren und daher durchaus zu Recht haftbar gemacht wurden. Aber für die übrigen zwei Milliarden Euro standen zyprische Sparer, Rentner, Pensionsfonds, die Universitäten und Unternehmen gerade, auch wenn sie nur die Löhne für den nächsten Monat auf dem Konto hatten – ein Verlust, der vermeidbar gewesen wäre, wenn die EZB und die EU-Kommission die Zypernbanken nicht gezwungen hätten, ihre griechischen Aktiva zu verschenken. In der Folge stürzte die zyprische Wirtschaft in eine tiefe Rezession, Tausende verloren ihre Jobs.

Der Anwalt Kypros Chrysostomides reichte deshalb später im Namen von gut hundert Mandanten beim Europäischen Gerichtshof in Luxemburg Klage ein. Diese hatten durch den Schachzug insgesamt 100 Millionen Euro verloren. Was waren das für Leute?

Anwalt Kypros Chrysostomides *(von der Leinwand)***:** Einfache Leute, würde ich sagen, und natürlich auch Unternehmen, und Pensionierte, die ihre Pension bei den Banken gespart hatten.
Was werfen Sie den europäischen Institutionen vor?
Dass die europäischen Institutionen gegen das europäische Recht gehandelt haben. Ich meine die Eurogruppe, die Europäische Zentralbank, die Kommission und den Rat. Insbesondere die haben gegen die Charta der Grundrechte der Europäischen Union gehandelt
Welche Rolle spielte dabei die Europäische Zentralbank?
Herr Asmussen hatte gesagt: Wenn die Republik Zypern nicht vor dem 21. März 2013 ein Rettungsprogramm mit der Europäischen Union macht, dann würde die Finanzhilfe der zyprischen Banken gestoppt. Wie kann die Europäische Zentralbank eine politische Anweisung gegenüber einem Mitglied der EU machen?
Das heißt, Sie meinen, die Europäische Zentralbank in Person ihres Vizepräsidenten Asmussen habe europäisches Recht gebrochen?
Rechtswidrig gehandelt.

Erzähler: Haben also Beamte der Troika gemeinsame Sache mit einer griechischen Bank gemacht? Oder war alles nur Zufall? Die EZB und die EU-Kommission könnten das leicht aufklären. Aber beide Institutionen verweigerten jede Auskunft.

Stavros Zenios, Vorstand der Zentralbank Zyperns *(von der Leinwand)*: Hier geht es um zehn Prozent des Bruttoinlandprodukts, das durch diesen Verkauf aus Zypern transferiert wurde. Das stinkt!
Ich glaube, die Öffentlichkeit will Aufklärung. Es wurden Fehler gemacht und jemand muss den Preis dafür bezahlen. Aber dieser Preis war übertrieben hoch und wurde von den Schwächeren bezahlt. Und es gibt keine hinreichenden Informationen, um zu entscheiden, ob es Fehler waren oder Korruption. Solche offenen Fragen dürfen nicht über Europas Institutionen hängen bleiben. Deshalb finde ich, ist es wichtig, auf europäischer Ebene zu untersuchen, was falsch gelaufen ist.

Chor der Troika *(wagt sich aus dem Off auf die Bühne, drei Personen erscheinen mit Masken wie die übrigen Schauspieler)*:
Ihr habt euch schuldig gemacht und über eure Verhältnisse gelebt. Schulden sind zurückzuzahlen, Verträge einzuhalten!
(Laute Buhrufe im Publikum)

Meckerdemonstrant: Jetzt reicht es aber endgültig mit diesem Pack!

Demonstrantin: Wir können die Leier nicht mehr hören!

Demonstrant: Blutsauger!

Demonstrantin: Wer ist denn diese Troika? Wer steckt dahinter? Ich will es endlich wissen!

(Stimmen aus dem Publikum) Ich auch! Ich auch! Wir auch!

Demonstrantin: Sie schreiben Gesetze, reißen sich Reichtümer unter den Nagel, gebärden sich wie Götter auf dem Olymp...

Erzähler: *(zieht die drei Troikaner nach vorne, redet plötzlich recht steif und förmlich)* Die Direktorin und damit die oberste politisch Verantwortliche des IWF ist Christine Lagarde, frühere französische Finanzministerin. Präsident der EU-Kommission ist der Luxemburger Jean-Claude Juncker, vertreten durch seinen Vizepräsidenten, den finnischen Währungskommissar Olli Rehn. Der Dritte ist Mario Draghi aus Italien, Präsident der EZB.

Meckerdemonstrant: Entlarvt sie! *(Rennt los, reißt ihnen die Masken vom Gesicht. Darunter hervor kommen nicht etwa Lagarde, Juncker und Draghi, sondern drei in der Öffentlichkeit völlig unbekannte Gesichter. Weitere Demonstranten umringen sie und halten sie fest.)*

Erzähler: Nun, hmmm, das sind die Verhandlungsführer. Ein Däne und zwei Deutsche. Der Däne Poul Thomsen vom IWF, Matthias Mors von der EU-Generaldirektion Wirtschaft und Finanzen, Klaus Masuch von der EZB.

Erzählerin: Bitte? Nie gehört. Kennt die jemand im Publikum? Nö, offenbar niemand.
Ein Däne und zwei Deutsche regieren also Europa. Haben wir die gewählt?
(schleicht um Poul Thomsen herum, der wie versteinert dasteht): Ja, ich habe schon einiges von Ihnen gehört, aber Sie noch nie gesehen, Mr. Thomsen. Mit Ihren blauen Augen und Ihren dunkelblonden Haaren sehen Sie nicht aus wie das personifizierte Böse. Wahrscheinlich sind Sie im Privatleben ein entzückender Ehemann und treusorgender Familienvater, der seiner Frau jeden Sonntag einen Blumenstrauß mitbringt – mit Goldlack und Silberdisteln.
Sie gelten als Alpha-Männchen, als eisenharter Verhandler, den die Minister in den Eurokrisenländern fürchten. Der frühere griechische Minister für Verwaltungsreform erzählte

von Ihnen, Sie hätten «Angst und Unterwerfung, Rache und Demütigung» gewollt.

Ich weiß von Ihnen, dass Sie Ökonom sind. Von 1987 bis 1991 haben Sie für den IWF in Jugoslawien gearbeitet. Viele sagen, die IWF-Politik habe die sozialen Spannungen im diesem damals sozialistischen und blockfreien Land so erhöht, dass das zur Mitursache für den anschließenden Krieg und Zerfall wurde.

Erzähler: Auf Druck des IWF wurde dort 1990 ein «Unternehmensgesetz» erlassen, das zahlungsunfähige Unternehmen zwang, sich binnen 30 Tagen und außerhalb des Rechtsweges mit den Gläubigern zu einigen, was in der Regel die Übernahme der Firma bedeutete. Um dies zu verhindern, setzten die großen Staatsbetriebe fünf Monate lang ihre Lohnzahlungen aus – das Chaos griff um sich. Zudem durfte kein Geld mehr in den innerjugoslawischen Finanzausgleich fließen, solange die Zahlungen an die internationalen Gläubiger in Verzug waren – das war wohl der Todesstoß für das Land. Es brach ein Verteilungskampf aus, der in den Teilrepubliken nationalistische Despoten an die Macht brachte. Und als Regierungschef Milosevic die Notenbank Geld zur Zahlung der ausstehenden Löhne drucken ließ – was den IWF-Anweisungen widersprach –, folgte ein Embargo. Der Rest ist Geschichte.

Erzählerin: Später waren Sie an IWF-Missionen in Slowenien, Mazedonien und Rumänien beteiligt. Überall haben Sie harte Lohnkürzungen durchgesetzt. Von 1998 bis 2004 arbeiteten Sie für den IWF in Russland. Jetzt sind Sie Vizedirektor der Europa-Abteilung des IWF und haben Verhandlungen in Island, Griechenland, Portugal, aber auch in der Ukraine und Rumänien geführt. Überall traten Sie für schnelle Privatisierungen und scharfe Kürzungen der Löhne im öffentlichen Dienst ein – das kann man natürlich gut machen als Festangestellter mit einem enormen Gehalt. *(Thomsen schweigt mit versteinerter Miene)*

Erzählerin *(umkreist Klaus Masuch):* Hier ist Klaus Masuch von der EZB. Ein Bayer, genauer gesagt ein Schweinfurter. Brille, kurze graue Haare, grauer Anzug – niemand würde Sie auf der Straße erkennen. Ihnen eilt der Ruf des Peniblen voraus. Sie sind Finanzprofi und haben für die Bundesbank und das Europäische Währungsinstitut gearbeitet, bevor Sie zur EZB wechselten. Für die haben Sie in Irland und in Griechenland mitverhandelt.

Als 2013 herauskam, dass die Prognosen der Troika und des IWF mindestens für Griechenland jahrelang falsch und viel zu positiv waren, gaben Sie der griechischen Regierung dafür die Schuld: Sie habe schon 2010 falsche Zahlen geliefert und sei unfähig, «ein so großes Programm» umzusetzen. Verschiedene Interessengruppen hätten versucht, «Reformen zu vermeiden und zu verwässern». Sie sagen, die Troika überprüfe bei ihren Besuch lediglich Zahlenwerke, etwa Listen von Staatsbediensteten oder Steuereinnahmen, und liefere nur «technische Expertise». Klar, technische Expertise – Sie sind nur ein Techniker. Die Entscheidungen würden in der Eurogruppe getroffen, meinten Sie weiter. Der «Welt am Sonntag» sagten Sie aber auch: «Griechenland hat jahrelang nötige Reformen unterlassen und massiv über seine Verhältnisse gelebt.» *(Masuch schweigt ebenso steinern wie Thomsen)*

Publikum und Demonstranten durcheinander*:* Buh! Wir können es nicht mehr hören!

Erzählerin: *(umrundet Matthias Mors von der EU-Generaldirektion):* Auch Sie sehen nicht aus wie der Teufel persönlich. Kurze dunkle Haare, Seitenscheitel, tadelloser Anzug, immer ein ernstes Gesicht – so stellt man sich einen korrekten Technokraten vor. Noch ein Bayer, geboren in München, ausgebildet in Regensburg und Oxford, bevor Sie 1986 von der Europäischen Kommission angestellt wurden. Bei Reformen des Arbeitsmarktes gelten Sie als unnachgiebig...

Meckerdemonstrant: Haut ihm in die Fresse!

Anderer Demonstrant: Was soll denn die Personalisierung? Das sind doch auch nur Charaktermasken des Kapitals.

Matthias Mors: Entschuldigung, aber ich bin seit 2014 nicht mehr dabei. Und ich bin doch auch nur ein kleiner Beamter. Über das, was ich erlebt habe, kann ich leider nicht öffentlich reden, weil ich zur Vertraulichkeit verpflichtet bin. Aber es ist furchtbar, wie das Volk leidet...

Erzählerin: Ach ja? Genau so haben Sie es auch einem Reporter der «Süddeutschen Zeitung» erzählt.

Demonstrant: Heuchler! Spar dir deine Krokodilstränen!

Durcheinander bei den Demonstranten, enorme Unruhe im Publikum. Einige wollen sich auf die drei Troikaner stürzen, andere halten sie davon ab. Etliche ringen miteinander.

Meckerdemonstrant: Zeigt ihnen, was eine Harke ist! Lyncht sie! Zeigt ihnen die Wut des Volkes! *(holt zum Schlag aus)*

Mutter des Meckerdemonstranten *(zornig)***:** Willst du werden wie die? *(Fällt ihm in den Arm. Zum Publikum gewandt)* Entschuldigt, mein Sohn ist seit vier Jahren erwerbslos. Ich muss ihn durchfüttern, er wohnt wieder bei mir zu Hause, das ist so entwürdigend für einen erwachsenen Mann...

Griechischer Demonstrant: Ich werde die Troika abwählen!

Spanische Demonstrantin: Ich auch!

Meckerdemonstrant: Hahaha! Wie denn?

(Zwischenrufe, die aggressive Stimmung und Unruhe nimmt hörbar zu)

Dimokratía *(wacht davon offenbar auf, regt sich plötzlich unterm*

Leichentuch auf ihrer Bahre, die vergessen im hinteren Teil der Bühne steht)

Chor der Klageweiber *(aufgeregt)*:
Sie lebt! Sie lebt!
Ein Wunder ist geschehen!
Dimokratía lebt!

Dimokratía: Wo bin ich?

Erzählerin: *(geht zu ihr hin, flüstert ihr etwas ins Ohr, derweil das Durcheinander auf der Bühne und im Publikum weitergeht)*

Dimokratía *(leise zur Erzählerin)*: Ah, ich verstehe. *(laut, auf die drei von der Troika zeigend)* Und das sind sie, ja? Die Quantitäter?

Demonstranten im Chor: Ja, die Quantitäter, Quantitäter, Quantitäter!

Erzählerin: Wie die drei Götter in Weiß stehen sie am Krankenbett der Gesellschaften und messen ihre Patienten zu Tode: Herzfrequenz, Fieberkurve, Blutwerte. Primärhaushalt, Privatisierungsquote, Mehrwertsteuer, Lohn- und Rentenhöhen. Die Kranken stöhnen im Fieber. Doch die Götter in Weiß glauben nicht den Kranken, sondern nur ihren Zahlen. Das Fieber steigt? Es muss noch höher! Das steigert den Absatz der Pharmaindustrie. Die Wunden schwären? Lasst sie bluten! Das steigert den Absatz der Verbandstoffindustrie. Die Kranken leiden? Lasst sie liegen! Das bringt den Kliniken Liegegeld ein. Diese Götter in Weiß sehen die ganze Welt als Werk von Zahlen und Statistiken.

Sie selbst sind krank, sie leiden an oeconomia vulgaris. Leider äußerst infektiös. Eine Seuche, die die halbe Welt schon angesteckt hat. Typische Symptome der oeconomia vulgaris sind unter anderem Blutarmut, eine graue Gesichtsfarbe sowie ein abnorm hohes Konformitätsdenken. Die Betroffenen können ihre Umwelt nicht mehr mit allen Sinnen wahrnehmen, mit ihren Farben, Tönen und Wohlgerüchen, sondern nur noch als Quantitäten.

Demonstranten: Quantitäter! Quantitäter! Quantitäter!

Chor der Klageweiber:
Die Mär von Midas, Phrygiens König,
Sie sollte euch zur Warnung dienen.
Die Gier nach Gelde und nach Gold,
Die trieb den Dummen ins Verderben.
Der Midas bat Dionysos:
«Ich wünsche mir, dass alles, was ich anrühr'
Zu Gold mir werde unter meinen Fingern!»,
Der Gott gewährte ihm den Wunsche.
Und Midas, gierig, fasste an:
Den Stein – er wurde golden.
Sein Haus – es ward' zu Gold.
Die Bank, auf der er saß – sie wurde golden.
Das Essen, das er aß – es wurde Gold.
Das Wasser, das er trank – es wurde golden.
«Oh weh», schrie da der König Midas.
«Verhungern muss ich wohl, verdursten!
So hilf mir doch nun endlich jemand!»
Begierig fasste er nach seiner Tochter.
Die Tochter auch – sie wurde Gold.

Dimokratía *(steht von ihrer Bahre auf)*: Schlagt doch die Troika mit ihren eigenen Waffen! Bewerft sie mit Gold! Mit allem Geld, was ihr habt! Damit sie so gülden werde wie König Midas!

Demonstranten und Publikum lassen sich nicht lange bitten. Ein Regen von gold- und silberglitzernden Euros geht über der Troika nieder. Einen Moment lang stehen die drei Herren in ihren grauen Anzügen da wie begossene Pudel.
Fluchtartig verlassen sie die Bühne.

Jubel.

Bürgerlicher Zuschauer *(zufrieden)*: Die Heldin ist auferstanden – na wenigstens ein ordentlicher Wendepunkt am Ende dieses Aktes.

5. Akt: Scherbengericht über Griechenland 2015

Chor der Boulevardjournalisten:
Warum zahlen wir den Griechen ihre Luxus-Renten?
Verkauft doch eure Inseln, ihr Pleite-Griechen – und die Akropolis gleich mit!
Deutsche Politiker, bleibt hart gegenüber Athen!
Noch mehr Schulden darf es nicht geben.
Unverschämtheit würde sonst noch belohnt!
Die EU ist doch kein Basar!

Schwäbische Hausfrau *(kehrend)*: Ein jeder kehre vor seiner Tür, und sauber isch das Stadtquartier...

Demonstranten: Nicht schon wieder! *(jagen sie von der Bühne)*

Erzählerin: Im Januar 2015 hat die zunehmend verarmte und wütende Bevölkerung Griechenlands eine neue Regierung an die Macht gewählt. Der Name «Syriza» heißt übersetzt «Koalition der Radikalen Linken» – eine sehr heterogene Allianz aus Eurokommunisten, Sozialistinnen, Trotzkisten, Ökologinnen, Basisdemokraten und Genossenschaftlerinnen, die seit den Protestwellen von 2008 und 2011 kooperative Formen der Selbsthilfe betreiben. Dazu gehören Sozialkliniken und -Apotheken, Regiogelder, Tauschringe, Umsonstläden, Suppenküchen und andere Formen der solidarischen Ökonomie.

Syriza wurde mit gut 36 Prozent der Wahlstimmen zwar stärkste Kraft, musste aber einen Koalitionspartner finden: die rechtspopulistische ANEL, die aus nationalistischen Gründen ebenfalls auf Anti-Troika-Kurs ist. Alexis Tsipras, ein jungdynamischer Politiker mit einer bekannten Abneigung gegen das Symbol des Establishments, die Krawatte, wurde bereits einen Tag nach der Parlamentswahl zum neuen Ministerpräsidenten gewählt. Finanzminister wurde der ebenfalls schlipslos auftretende Ökonomieprofessor Yanis Varoufakis. Als einer seiner ersten Amtshandlungen stellte er die rund 600 Putzfrauen wieder ein, die monatelang aus Protest gegen ihre Entlassung auf Druck der Troika vor dem Finanzministerium gecampt hatten.

Erzähler: Premier Tsipras erklärte das Austeritätsprogramm der Eurostrategen für beendet, und die Menschen tanzten vor Freude auf der Straße. Für die neue Regierung habe die Befriedigung sozialer Bedürfnisse absolute Priorität. «Kein Opfer für den Euro», hieß die Parole von Syriza. Die Regierung wolle weitere Schuldenzahlungen aussetzen, bis Wirtschaft und Beschäftigung wiederbelebt seien, Schluss machen mit Privatisierungen, Lohn- und Rentenkürzungen, privatisierte Versorgungsunternehmen wie Bahn, Post und Wasser wieder in öffentliche Hände geben, Privilegien von Ministern und Abgeordneten einschränken, Reiche stärker besteuern, das Gesundheit- und Bildungssystem stärken, Erwerbslose und Obdachlose in Gesundheitszentren kostenlos behandeln lassen, Solarenergie fördern.

Erzählerin: So schnell wie Syriza hat wohl noch keine griechische Regierung Gesetze und Erlasse ausgearbeitet. Manche waren auch mit der heißen Nadel gestrickt, etwa jenes, das jedem Schuldner Rückzahlungen in hundert Raten erlaubte – auch Millionären. Aber die meisten versprechen große soziale Erleichterungen – etwa das «Gesetz zur Bekämpfung der humanitären Krise», das den Ärmsten erlaubt, kostenlos Strom zu erhalten und über eine elektronische Karte monatlich Lebensmittel im Wert von 70 bis 220 Euro zu beziehen. Das «Eintrittsgeld» in Kliniken und Gesundheitsambulanzen in Höhe von fünf Euro wurde abgeschafft und 4.500 Personen wieder in den öffentlichen Gesundheitsdienst eingestellt. Der Mindestlohn soll bis 2016 von 586 auf 750 Euro angehoben werden. Gefängnisse sollen humanisiert, Schulen und

Hochschulen demokratisiert werden. Die auf Druck der Troika entlassenen Bediensteten der öffentlichrechtlichen Medien durften zurück auf ihre Posten.

In der folgenden Zeit tourten Tsipras und Varoufakis durch Europa, in der Hoffnung auf Unterstützung für ihren Kurs. Doch überall bekamen sie nur zu hören: Ihr tut ja nichts.

Chor der Boulevardpresse: Ihr Faulenzer, Amateure, Zeitverschwender, Schlendriane, Reformverschlepper. Ihr habt eure Hausaufgaben nicht gemacht. Ihr habt doch versprochen, eine Liste mit Reformvorhaben vorzulegen! Wo ist sie?

Erzähler: Gemeint war natürlich nicht Syrizas Liste der bereits verabschiedeten Vorhaben, sondern die Kürzungsliste der Troika: Die Mehrwertsteuer soll angehoben, Renten- und Lohnkürzungen möglich gemacht, Frühpensionierungen abgeschafft werden.

Erzählerin: Der griechische Finanzminister Varoufakis erklärte dem Vorsitzenden der Eurogruppe, die Beamten der Troika würden in Athen nicht mehr empfangen. Jeroen Dijsselbloem fühlte sich sichtlich brüskiert, die Hauptfiguren der Troika mussten fortan im Hotel darauf warten, dass Regierungsbeamte ihnen die gewünschten Unterlagen brachten.

Erzähler: Doch viel mehr als Symbolpolitik war das nicht. Die deutsche Bundesregierung und ihre Alliierten von Lissabon bis Helsinki sorgten mit eiserner Hand dafür, dass Syriza bei der Umsetzung ihrer wichtigsten Wahlversprechen blockiert wurde. Während Tsipras und Varoufakis in Brüssel die Klinken putzten, prüften «technische Teams der Kreditgeber» weiterhin die Bücher in Athen. Sie forderten strikte Schuldenzahlung, obwohl alle wissen, dass dies niemals der Fall sein kann. Würde Griechenland die Verträge einhalten, müsste es zahlen, zahlen, zahlen – bis zum Jahr 2054.

Was immer Tsipras und sein Finanzminister Varoufakis vorschlugen, wiesen ihre «Partner» aus der übrigen Euro-

Zone zurück. Eine europäische Schuldenkonferenz, die über nachhaltige Lösungen für alle überschuldeten Krisenländer verhandelt? Abgelehnt.

Eine Koppelung des griechischen Schuldendienstes an das Wirtschaftswachstum, wie sie auch Marcel Fratzscher vorschlägt, Chef des Deutschen Instituts für Wirtschaftsforschung und Berater der Bundesregierung? Abgelehnt.

Ein Überbrückungskredit für vier Monate, der es der Athener Regierung ermöglicht, fällige Schulden zu bedienen und ihr eigenes Reformprogramm auf den Weg zu bringen, das Arme stützt und Reiche besteuert? Abgelehnt.

Die Aufhebung rechtswidriger Massenentlassungen und ein Stopp des Ausverkaufs von Staatseigentum zum Schleuderpreis an Oligarchen und ausländische Konzerne? Abgelehnt.

Oder gar Reparationen für die Zwangskredite der Nazis und die Massaker der Wehrmacht in Griechenland? Abgelehnt.

Schäuble und seine Kollegen machten dagegen keine Vorschläge, wie die Not der Griechen gemindert oder die medizinische Katastrophe aufgehalten werden soll. Das bisherige Programm soll einfach fortgesetzt werden. Die «unterzeichneten Verträge» und «vereinbarten Regeln» seien nun mal einzuhalten, erklärt Schäuble, sekundiert von der BILD-Zeitung.

Chor der Boulevardjournalisten:
Griechen wollen unser Geld!
So verbrennen die Griechen die schönen Euros!
BILD gibt den Pleite-Griechen die Drachmen zurück!
Griechen reicher als wir! Amtlich: Durchschnittsvermögen doppelt so hoch wie in Deutschland. Aber Regierung plant neue Milliarden-Hilfe!
Ihr griecht nix von uns!

Erzähler: Es wurde immer deutlicher, dass es beim Ringen zwischen der Athener Linksregierung und den anderen Euro-

Staaten nicht wirklich ums Geld geht. Eine neue Regierung, die mit Oligarchenfilz und Klientelismus aufräumt und ein modernes Staatswesen aufbaut, würde Europa nur nützen. Aber die Verwalter der Euro-Krise fürchten den Erfolg einer linken Regierung offenkundig mehr als die milliardenschweren Verluste bei ihren Krediten, die das Scheitern der Regierung Tsipras ihnen zwangsläufig bescheren wird. Schließlich könnte das Beispiel Schule machen. Auch in Spanien, Portugal und sogar in Irland könnten linke Basisbewegungen die Mehrheit gewinnen.

Erzählerin: Am 1. Juni arbeiteten IWF-Chefin Christine Lagarde, EU-Kommissionspräsident Jean-Claude Juncker und EZB-Präsident Mario Draghi im Berliner Kanzleramt zusammen mit Angela Merkel und François Hollande ein Ultimatum aus, ein «allerletzten Angebot» an die griechische Regierung, im Schuldenstreit nachzugeben.

Also mal wieder: Pistole auf die Brust!

Beim Besuch am nächsten Tag in der EU-Kommission in Brüssel bekam Ministerpräsident Alexis Tsipras die Bedingungen für die nächste Kredittranche zu hören: Rentenkürzungen im Umfang von einem Prozent des Bruttoinlandsprodukts, Einschnitte bei Renten für Geringverdiener, erleichterte Massenentlassungen. Die griechische Regierung müsse entgegen ihrer Wahlversprechen auf eigenmächtige Reformen verzichten, die Mehrwertsteuer anheben, die Häfen in Piräus und Thessaloniki, Ölkonzerne, Netzbetreiber und Telefonbetriebe privatisieren.

Doch Tsipras und Varoufakis wussten: Sie waren an die Macht gewählt worden, damit sie die Pistole wegdrehen und die diktatorischen Bedingungen der Troika nicht mehr akzeptieren. Sie spielten sie das Spiel einfach nicht mehr mit. Und legte ihrerseits eine Reformliste vor. Was manche Boulevardjournalisten zu wahren Schimpfkanonaden hinriss.

Chor der Boulevardpresse:
Yanis Varoutricksis, der Posterboy-Finanzminister!
Der Griechen-Raffke! Problem-Minister! Lederbejackter Rüpel-Rocker!

Lügen-Grieche! Mister Stinkefinger!
Wir sagen Nein! Keine weitere Milliarden für die gierigen Griechen!

Herr Varoufakis, was hatten Sie am 8. Juni in Berlin mit Ihrem Kollegen Wolfgang Schäuble zu besprechen?
Yanis Varoufakis *(von der Leinwand)*: Die Frage enthält ein Missverständnis: Wir verhandeln gar nicht mit der deutschen Regierung, das ist ja das Frustrierende an diesem Arrangement. Wir können immer nur mit der Troika, also den Vertretern des Internationalen Währungsfonds, der Europäischen Zentralbank und der EU-Kommission verhandeln. Und da ist es eben nicht wahr, dass beide Seite nachgegeben hätten. Tatsächlich haben die Institutionen keinerlei Zugeständnisse gemacht. Als wir im Februar 2015 das erste Mal zusammenkamen, haben sie fast genau die gleichen Forderungen erhoben wie in dem jüngsten Angebot. Wir hatten monatelange Verhandlungen in dieser sogenannten Brüsseler Gruppe, und da gab es durchaus eine Annäherung der Positionen.
Und warum wurde daraus nichts?
Wir jedenfalls haben die Punkte, über die wir uns einig waren, aufgenommen und haben darüber hinaus in den strittigen Fragen Zugeständnisse gemacht. Das haben wir als Vorschlag vergangene Woche vorgelegt. Dagegen ist das, was Herr Juncker Ministerpräsident Tsipras mit Unterstützung von Kanzlerin Merkel und Präsident Hollande vorgelegt hat, nur wieder die Ausgangsposition, gerade so, als ob es nie Verhandlungen gegeben hätte. Einen solchen Vorschlag macht man nur, wenn man eigentlich gar keine Vereinbarung will. Obwohl es immer heißt, wir wären nicht konstruktiv, haben wir sogar gegen unsere Versprechen verstoßen und viele unserer roten Linien überschritten.
Zum Beispiel?
Wir boten ihnen einen Primärüberschuss im Haushalt, an dessen Wirkung ich nicht glaube. Nur um uns ihrer Position anzunähern. Wir haben eine Erhöhung der Mehrwertsteuer angeboten, die sehr problematisch für uns ist. Es waren Zeichen des guten Willens, dass wir ernsthaft daran interessiert sind, eine Einigung zu finden. Ich werde versuchen, bis zum letz-

ten Moment optimistisch zu bleiben, aber es ist klar, dass die andere Seite sich jetzt bewegen muss.

Wenn man die Zahlen aus beiden Vorschlägen vergleicht, dann fordern die Gläubiger Kürzungen und Steuererhöhungen im Umfang von drei Milliarden Euro und die griechische Seite bietet 1,87 Milliarden an. Warum sollte das nicht zu überbrücken sein?

Die Differenz könnte entscheiden, ob wir auch den Rest der griechischen Volkswirtschaft abwürgen oder nicht. Wir sind im siebten Jahr der Rezession. Wenn wir in dieser Lage noch mal drei Milliarden Euro durch Rentenkürzung und Erhöhung der Mehrwertsteuer der Wirtschaft entziehen, wird das Defizit im nächsten Jahr wieder viel höher ausfallen. Das ist, als ob man eine kranke Kuh schlägt, damit sie mehr Milch gibt. Das bringt sie um. Sogar unser eigener Vorschlag von 1,8 Milliarden Euro ist schon exzessiv. Ja, Griechenland braucht einen ausgeglichenen Haushalt, aber nicht mehr.

Das würde die Rezession aber auch nicht beenden.

Darum sind diese Vorschläge zu Steuern und Reformen ja auch nur ein Drittel des nötigen Programms. Wir sind da ganz klar: Wir brauchen außerdem eine Umschuldung, um die Zins- und Tilgungszahlungen machbar zu gestalten, und wir benötigen ein Investitionspaket, das nach unserem Vorschlag über die Europäische Investitionsbank kommen soll.

Haben die Gläubiger je signalisiert, dass sie dazu bereit wären?

Außer ein paar positiven Bemerkungen gibt es bisher nichts. Aber die andere Seite muss verstehen, dass auch die Reformen, die wir vorschlagen, Teil eines größeren Plans sein müssen, um die griechische Krise zu beenden. Es kann nicht nur darum gehen, das laufende Programm zu beenden, bloß weil die Bürokraten das so wollen.

Aber die Haftungssumme für die Steuerzahler, vor allem die deutschen, würde noch einmal steigen.

Zumindest sagt Jens Weidmann, der Präsident der Bundesbank, dass die Steuerzahler auch schon für Schulden bei der Zentralbank haften. Dem möchte ich nicht widersprechen. Und dann sind da natürlich die mehr als 200 Milliarden Euro Schulden gegenüber dem ESM und den Euro-Staaten, die ab 2021 fällig werden, und zwar mit hohen Summen von an die 20 Milliarden Euro pro Jahr, weil die Zahlungen so lange gestundet sind. Manche denken, das ist noch sechs Jahre hin, was soll uns das jetzt kümmern? Aber das ist falsch. Wenn Investoren denken, der Grexit, das Ausscheiden Griechenlands aus der Euro-Zone, ist nicht vom Tisch, sondern nur bis 2022 verschoben, dann werden sie nicht investieren. Darum schlagen wir vor, diese Zinszahlungen an das Wirtschaftswachstum zu koppeln. Wenn wir schneller wachsen, zahlen wir mehr, wenn nicht, weniger.

Bisher wird keiner dieser Punkte im Angebot der Gläubiger auch nur erwähnt. Wie sollen sie dann Teil der Einigung werden?
Die Gläubiger sollten wissen: Bis wir diese beiden Themen, die Umschuldung und das Investitionsprogramm, besprochen haben, läuft bei uns nichts. Ohne das werden wir keine Vereinbarung unterschreiben. Wir haben von Anfang gesagt, dass wir einen umfassenden Plan brauchen, das kann die Schuldenlage nicht ausklammern.

Und wenn das nicht gelingt, was geschieht dann?
Fragen Sie die Troika, die Institutionen. Wir fordern eine Lösung. Was sie vorschlagen, ist nur die Fortsetzung der Krise. Dafür haben wir kein Mandat. Sie wollen nur Rentenkürzungen oder erleichterte Massenentlassungen in den wenigen großen Unternehmen, die wir noch haben.

Haben Sie erwartet, dass Ihr Job so schwierig wird?
Ich habe erwartet, dass er höllisch wird, ja. Ich bin nicht enttäuscht.

Viele der Kontroversen drehen sich um Sie persönlich.
Mein Premierminister hat mir nach dem Treffen der Euro-Gruppe in Riga gesagt: Sie versuchen, dich dranzukriegen, denn sie wissen, dann wird sich unsere Regierung auflösen und dann kriegen sie irgendwann auch mich. Aber es ist schon erstaunlich, wie viele offensichtliche Lügen als Fakten gehandelt werden. Die falschen Gerüchte darüber, was in Riga geschehen sein soll, über meinen Rauswurf, meinen Rücktritt, und als das nicht passiert ist: über meine Entmachtung. Ich sei nicht mehr Teil der Verhandlungen.

Das ist alles komplett unwahr. Und das wurde von Brasilien bis Brüssel überall geschrieben.
Sie glauben also, all Ihre schlechte Presse war lediglich eine Inszenierung?
Das war ein Rufmordversuch, das ist die einzige Erklärung. Es heißt, wenn der Krieg beginnt, dann stirbt die Wahrheit als Erstes. Und leider haben unsere europäischen Partner und die Institutionen die Möglichkeit verpasst, unser Angebot zu nutzen, die Verhandlungen als Beratung zwischen Partnern zu sehen, sondern haben es in einen Krieg gegen uns verwandelt.
Aber haben Sie sich in den Auseinandersetzungen nicht zu sehr verkämpft? Die Regierung wirkt innenpolitisch gelähmt.
Der frustrierendste Teil dieser Verhandlungen ist, dass sie alle unsere Energie und Zeit binden. Und mehr noch: Die Institutionen haben gesagt, falls ihr gesetzliche Regeln erlasst, bevor es eine Einigung gibt, wird das als unilaterale Aktion gewertet. Ich wollte von Beginn an Gesetze, auf die wir uns längst geeinigt hatten. Anti-Korruption, ein besseres Steuersystem – und währenddessen weiterverhandeln. Aber mir wurde mehrfach gesagt, sollte ich es wagen, das noch mal vorzuschlagen, sei das ein Grund, die Verhandlungen abzubrechen.
Das heißt, Sie konnten bisher keines Ihrer Vorhaben umsetzen?
Wir haben ein Gesetz erlassen, um die schlimmsten humanitären Folgen der Krise abzufedern, und kürzlich eine Rückzahlungsmöglichkeit für Steuerschuldner geschaffen. Wir haben etwa sechs Millionen Fälle von ausstehenden Steuerschulden, mehr als die Hälfte liegen bei unter 3.000 Euro. Das sind Leute, die einfach nicht zahlen können. Das hat schlimme Folgen, weil diese Menschen keine Kredite kriegen, sie haben keine Chance, wieder auf die Füße zu kommen. Nun können sie in Raten zahlen. Dafür wurden wir heftig kritisiert.
Doch nur deshalb, weil das Gesetz keine Deckelung nach oben hat, diese sehr großzügigen Amnestieregelungen gelten also auch für schwerreiche Steuerkriminelle.
Das ist ein Notfall. In einem normalen Land müssten wir so etwas nicht einführen, da würden wir Steuersünder einfach gerichtlich

verfolgen. Aber wir sind kein normales Land. Wir haben eine kaum funktionierende Justiz. Die großen Steuersünder, wenn wir die vor Gericht zerren, dann dauert es bis zum Prozess bis 2023. Bis dahin nehmen wir keinen Penny ein. Wir haben ja nicht mehr wirkliche Steuerbüros, weil die Löhne dort so brutal gekürzt wurden, dass die Leute sich andere Jobs gesucht haben. Ich habe mich als Finanzminister erkundigt: Wie viele Steuerprüfer habe ich zur Verfügung? Wissen Sie, was die Antwort war? Einhundert für ganz Griechenland. Einhundert.

Auch die Lagarde-Liste wird gerne als Beispiel genannt. Bisher wurden von tausenden Namen nur 49 Fälle geprüft.

Wir haben das Personal nicht. Außerdem kämpfen wir noch mit den Banken, dass sie uns Einblick in die Bankkonten ermöglichen. Bei der Lagarde-Liste ist es allerdings so: Dadurch, dass die vorherige Regierung jahrelang nichts getan hat, sind viele dieser Fälle jetzt veraltet. Wir haben neue Listen und wir arbeiten sehr hart an einem automatischen Überprüfungssystem, das mithilfe eines Algorithmus alle Kontobewegungen überprüft. Wir machen große Fortschritte und wir erwarten gute Ergebnisse bis September.

Sie haben gefordert, Angela Merkel solle eine «Rede der Hoffnung» in Griechenland halten. Das klingt ziemlich naiv.

Wieso denn? Das ist, was ein Hegemon tun muss. In den 40er Jahren verstanden die USA den Unterschied zwischen Hegemonismus und Autoritarismus. Sie halfen Deutschland und damit ganz Europa. Heute ist das Deutschlands Aufgabe.

Aber die Deutschen sehen sich nicht in dieser Rolle.

Ich sehe es als meinen Job an, Deutschlands Führung zu sagen: Ihr müsst führen. Ich werde oft als antideutsch oder skeptisch gegenüber Deutschland dargestellt. Aber das ist falsch. Ich will Führung von Deutschland.

Sie reden von Führung, die Deutschen verstehen aber: Varoufakis will unser Geld.

Da sage ich: Die Deutschen haben bereits zu viel Geld gegeben. Aber es ist verloren. Es ist in einem schwarzen Loch verschwunden, denn es ist niemals wirklich nach Griechenland geflossen, sondern es ist direkt an die Banken gegangen. Die Bankenrettung wurde als Griechenlandrettung verkauft. Das hat die Deutschen gegen die Griechen und die Griechen gegen die Deutschen aufgebracht. Nun droht, dass Europa in die Hand der Anti-Europäer fallen könnte. Wer kann uns da herausführen? Griechenland kann es nicht. Aber Deutschland kann es. Dafür muss es eine rationale Lösung anstreben, und die kann nicht sein, dass es von Griechenland verlangt, mehr von der Medizin zu schlucken, die Teil des Problems und nicht der Lösung ist.

Erzähler: Aber genau diese grundsätzliche Einsicht verweigern die Kreditgeber Griechenlands rundheraus. Im Gegenteil: Nachdem die griechische Wirtschaft seit 2010 um volle 25 Prozent geschrumpft war, forderten Deutschlands Finanzminister Schäuble und seine Kollegen gemeinsam mit IWF-Chefin Lagarde und EZB-Chef Draghi Anfang Juni 2015 ultimativ weitere Kürzungen, die nach Berechnung des Chefökonomen der Financial Times die Rezession um noch einmal zehn Prozent verschärfen würde. Nicht nur sollte die griechische Regierung die Mehrwertsteuer generell auf 23 Prozent steigern und die ohnehin schon um rund 60 Prozent gekürzten Renten noch einmal um ein Fünftel senken. Zudem sollte die Privatisierung des Staatsbesitzes unbeschränkt fortgesetzt werden, obwohl diese in in den Vorjahren lediglich einigen wenigen griechischen Investoren und ihren Partnern aus den Golfstaaten und China Milliardenwerte zum Schleuderpreis eingebracht hatte, ohne den Staashaushalt wirklich zu entlasten.

In der Folge eskalierte der Streit bei den Verhandlungen über die Auszahlung der letzten Tranche der Notkredite aus dem laufenden Programm. Das stiftete große Unsicherheit in der griechischen Bevölkerung. In wachsender Zahl überwiesen Bankkunden ihre Rücklagen ins Ausland oder legten Bargeldvorräte an. So verloren die Banken binnen fünf Monaten mehr als 30 Milliarden Euro an Einlagen und konnten nun selbst die laufenden Geschäfte ihrer Unternehmenskunden nicht mehr finanzieren. Denn entgegen ihrem Auftrag ersetzten die Direktoren der EZB nur einen Teil der Abhebungen mit Notkrediten auf Zentralbankgeld. So verschärften sie den «bankrun», den zu verhindern eigentlich ihre Aufgabe gewesen wäre.

Um wenigstens die Hoffnung auf eine langfristige Gesundung der griechischen Wirtschaft zu erhalten, ergab sich die Regierung Tsipras dem Druck und legte ein waghalsiges Programm vor: Sie bot an, alle Kürzungs- und Steuererhöhungsforderungen der Eurostaaten und ihrer Troika zu erfüllen, unter anderem mit einer Sonderabgabe auf Kapitalgewinne von mehr als einer halben Million Euro. Im Gegenzug forderte sie Verhandlungen zur Umschuldung der bis 2022 fälligen Rückzahlungen an den IWF und die EZB in Höhe von rund 30 Milliarden Euro auf den Euro-Rettungsfonds ESM.

Erzählerin: Aber auch dieses Angebot wiesen die Troikaner zurück. Eines ihrer Argumente: Die von Syriza geplante Sondersteuer von zwölf Prozent für Großkonzerne und Kapitaleigner würge die Erholung der Wirtschaft ab. Erholung, welche Erholung? Ohne Schuldenumstrukturierung keine Erholung, argumentierten immer mehr weltweit bedeutende Ökonomen, darunter Thomas Piketty. Selbst der IWF stellte in einer Studie fest, dass Griechenland den Schuldenberg entweder gar nie abzahlen könne oder nur nach «bedeutsam verlängerten Fälligkeitsdaten» oder eben einem Schuldenschnitt. Der Bericht sorgte für einen schweren IWF-internen Konflikt und massiven Wirbel. Die europäischen IWF-Partner wehrten sich vehement dagegen, ihn zu veröffentlichen, wurden aber überstimmt – auch von den USA.

Erzähler: Die Troikaner aber dachten nicht daran, dem griechischen Drängen nach Schuldenumstrukturierung nachzugeben. Sie präsentierten ihrerseits einen Gegenentwurf, der in roter Schrift die Vorschläge aus Athen so veränderte, dass die Lasten ausschließlich von Rentnern, Verbraucherinnen und kleinen Leuten getragen werden sollten. Kapitaleigner sollten dagegen noch einmal begünstigt werden.

In dieser Lage zogen Alexis Tsipras und sein Kabinett die Notbremse. Sie verließen den Verhandlungstisch und stellten den Vorschlag der Gläubiger bei der griechischen Bevölkerung zur Abstimmung. Am 5. Juli stimmten ihm nur 38 Prozent der Wählenden zu, 61 Prozent lehnten ihn ab.

Chor der Boulevardpolitiker:
Sigmar Gabriel: Die Spieltheoretiker der griechischen Regierung sind gerade dabei, die Zukunft ihrers Landes zu verzocken.
Martin Schulz: Das Referendum ist manipulativ. Die Griechen können nicht erwarten, dass andere ebenso demokratisch legitimierte Parlamente und Regierungen ihre Wünsche akzeptieren.
Sigmar Gabriel: Überall in Europa wächst die Stimmung ES REICHT!
Michael Fuchs: Tsipras hat ein Desaster angerichtet, er muss sehen, dass er die Scherben zusammenkehrt.
Thomas Strobl: Das Grieche hat lang genug genervt.
Sigmar Gabriel: Wir werden nicht die überzogenen Wahlversprechen einer zum Teil kommunistischen Regierung durch die deutschen Arbeitnehmer und ihre Familien bezahlen lassen.

Erzählerin: Das Referendum stärkte den griechischen Ministerpräsidenten innenpolitisch, doch im Ausland nützte ihm das nichts. Für viele Politiker, die Martin Schulz demokratisch legitimiert nennt, war die Befragung des obersten demokratischen Legitimateurs und Souveräns offenbar des Teufels.

Erzähler: Ein Tag nach dem Referendum trat Finanzminister Yanis Varoufakis zurück, um die weiteren Verhandlungen mit den Eurogruppen-Partnern zu erleichtern. Sein Nachfolger wurde der bisherige Vize-Außenminister Euklides Tsakalotos. Auch Ex-Ministerpräsident Antonis Samaras, der für ein «Ja» geworben hatte, erklärte seinen Rücktritt vom Vorsitz der konservativen Partei Nea Dimokratía. Das erleichterte es Tsipras, bei der Opposition Rückhalt für einen neuen Vorschlag an die Eurogruppe zu holen, den er am 9. Juli nach Brüssel übersandte. Ironischerweise oder tragischerweise stimmte dieser weitgehend mit jenen Plänen überein, die die griechische Bevölkerung gerade mit überwältigender Mehrheit abgelehnt hatte.

Erzählerin: Offenbar sah die Regierung Tsipras keinen anderen Ausweg mehr, da die Wirtschaft vor dem Zusammenbruch und die Staatskasse kurz vor dem Bankrott stand. Noch immer verweigerte die EZB entgegen ihren Aufgaben die Ausweitung der Notkredite für das kollabierende griechische Bankensystem – auch im Kalkül, ein «Ja» im Referendum erzwingen zu können. Damit zwangen EZB-Chef Draghi und seine Kollegen die Syriza-Regierung, die Banken zu schließen und Kapitalverkehrskontrollen einzuführen, um zu verhindern, dass Kunden aus Angst vor einem «Grexit» weiter ihre Euro-Konten räumten. Nunmehr durften pro Tag nur noch 60 Euro abgehoben werden. Überweisungen ins Ausland oder aus anderen Ländern waren unmöglich und damit auch der ganze grenzüberschreitende Handel – die Wirtschaft stürzte weiter ab. Auch internationale Spenden für Sozialprojekte kamen nicht mehr an. Die humanitäre Krise verschärfte sich, auf der griechischen Insel Lesbos etwa brachen Hungerrevolten unter dort gestrandeten Flüchtlingen aus.

(Seitlich auf der Bühne sind hinter dem halb beiseite gezogenen Bühnenvorhang Kampflaute, Schreie und Stöhnen zu hören. Der Vorhang wogt hin und her, aber gibt keinen Blick auf das Geschehen frei)

Erzähler: In der Nacht des 13. Juli wurde die griechische Regierung in Brüssel in 17-stündigen Verhandlungen der Eurovertreter unter extremen Druck gesetzt. Delegierte sprachen später von «Demütigung» und «geistigem Waterboarding» mit der «Pistole am Kopf».

Erzählerin: Schon wieder die Pistole, diesmal gepaart mit Foltervorwürfen.

Erzähler: Das einzige, was die griechische Delegation bei der danach erfolgten «Einigung» erreichen konnte, war das vorläufige

Vermeiden des «Grexit», also des griechischen Rauswurfes aus dem Euro, den Wolfgang Schäubles Leute offenbar von langer Hand geplant hatten.

Erzählerin: Schäuble hatte den Grexit als Troikanisches Pferd in die Brüsseler Verhandlungen gezogen. Heraus sprangen seine Krieger und bedrohten die Griechen von allen Seiten. Die Szene endete in einer totalen Kapitulation der Regierung Tsipras. «Deutschland, Deutschland über Hellas», dichtete eine Zeitung.

Noch niemals zuvor sind einem europäischen Staat solche harten Bedingungen auferlegt worden. Die Regierung Tsipras sollte erneut die Mehrwertsteuer erhöhen und die Renten kürzen – in einem Land, in dem ganze Familien inzwischen nur noch von der kleinen Rente der Großeltern leben, weil alle anderen ihre Jobs verloren haben. Nach dem unerbittlichen Willen des deutschen Bundesfinanzministers sollten Tsipras' Leute zudem Staatsvermögen in Höhe von 50 Milliarden an einen Treuhandfonds vergeben, der Stück für Stück die gesamte verbliebene öffentliche Infrastruktur wie Häfen, Flughäfen, Immobilien, Autobahnen und Energienetze verkauft. Warren Buffett, je nach Jahr der Zählung der zweit- bis drittreichste Männer der Welt, hat bereits ein Auge auf griechische Inseln geworfen, nach dem Motto: Meine Villen, meine Jachten, meine Eilande...

Darüber hinaus sollte die griechische Regierung alle mit Brüssel nicht verabredeten Gesetze zurücknehmen, die sie seit ihrem Amtsantritt verabschiedet hatte, und alle geplanten neuen Gesetze der Troika vorlegen.

Fast schon ein Wunder, dass die Troika nicht verlangt hatte, vor den nächsten Wahlen die Parteiprogramme und Kandidaten zur Genehmigung vorzulegen.

Oder gleich das Wahlergebnis. Eine Parlamentsmehrheit für Syriza? Abgelehnt.

Es war ein eiskalter Staatsstreich, ein Putsch von oben. Wie soll man einen solchen Staat nennen? Protektorat der Troika? Deutsche Neokolonie? Troikarchie?

Erzähler: Und wozu das alles? Wenige Tage später gab selbst der IWF in einem vertraulichen Analysepapier zu, dass Griechenlands Schuldenberg unter diesen Umständen niemals abzutragen ist – das ist schon rein mathematisch unmöglich geworden –, sondern im Gegenteil immer höher wächst. Bis 2018 wird er laut IWF von jetzt 180 auf knapp 200 Prozent der griechischen Wirtschaftsleistung ansteigen. Das Problem sei nur mit einem massiven Schuldenschnitt oder direkter Subvention des griechischen Staatsbudgets zu lösen.

Doch das lehnten Schäuble und seine Alliierten strikt ab – eine Politik, die wirtschaftlich gänzlich irrational ist. Immer mehr Ökonomen warnen öffentlich: Deutschland hat nur noch die Wahl zwischen teuer und sehr teuer. Sowohl der Grexit als auch das neue unerfüllbare «Reform»-Programm der Troika werden letztlich auch für Deutschland kostspieliger als eine echte Schuldenerleichterung für die Griechen.

Wenn Schulden unbezahlbar werden, entfällt auch für den IWF laut seinen Statuten die Grundlage für seine weitere Beteiligung. Genau das wollte die Regierung Tsipras in den Verhandlungen erreichen, nämlich dass der IWF endlich außen vor bleibt, und genau das hat vor allem die deutsche Delegation vehement abgelehnt.

Erzählerin: Und was ist mit der Demokratie? *(schaut nach hinten zum Vorhang, zieht ihn ein Stück beiseite. Zum Vorschein kommt Dimokratía, auf dem Boden liegend, regungslos, totenblass)*
Von der Troika gemeuchelt, zusammen mit «demokratisch legitimierten» Politikern.
Moment, da liegt noch jemand. *(Zieht den Vorhang noch mehr zurück, eine weitere reglose Person wird sichtbar, mit zerfledderten blutigen Kleidern)*
Europa. Die phönizische Prinzessin Europa. Im antiken Mythos wurde sie von Zeus nach Kreta entführt und vergewaltigt. Der hatte die Gestalt eines Stiers angenommen – das heutige Symbol steigender Bösenwerte.
(schließt behutsam den Vorhang)

Epilog, Katharsis und Exodos

Klageweiber:
Nun bleibt uns nur Epílogos
Das Nachwort und das Nachspiel.
Uns bleibt auch noch der Exodos
Der Ausgang und der Abgang.
Wir weinen, trauern und wir klagen
Uns bleiben noch so viele Fragen.

Erzählerin: Ja, die hab ich auch, sehr dringende sogar. Die möchte ich gerne noch erörtern – im Sinne der Katharsis am Ende einer griechischen Tragödie. Katharsis bedeutet nicht nur Reinigung nach dem Durchleben eines schrecklichen Ereignisses, sondern auch emotionale und geistige Klärung. Übrigens sieht man an all diesen Begriffen – Tragödie, Theater, Klageweiber, Dimokratía, Ökonomia, Polis, Scherbengericht, Epilog, Katharsis, Exodos und viele andere –, wie stark altgriechische Wörter und Vorstellungen ganz Europa durchdrungen haben. Selbst den Sarkasmus haben wir dem antiken Griechenland zu verdanken, er kommt von sarkasmós, der Zerfleischung, dem beißenden Spott.

Warum also, frage ich, wird im demokratischen Europa eine Politik durchgesetzt, die die Demokratie meuchelt, gegen die Grundrechtscharta der EU verstößt und dermaßen katastrophale Folgen hat? Weshalb dieses Festhalten an den ebenso mörderischen wie kontraproduktiven Sparmaßnahmen? Wer profitiert davon? Ist das bürokratische Unfähigkeit oder eiskaltes Kalkül oder beides?

Erzähler: Der US-Ökonom und Nobelpreisträger Paul Krugman erklärt das folgendermaßen:

Paul Krugman *(von der Leinwand)*: Es gibt einen klaren Zusammenhang zwischen der Austerität und dem wirtschaftlichen Niedergang. Jeder Euro, den die Staaten gespart haben, hat 1,3 bis 1,5 Euro des Bruttoinlandsprodukts gekostet, darum sind die Volkswirtschaften geschrumpft. Die empirischen Fakten sind überwältigend. Für die Leute, und wenn ich das sagen darf, besonders für die Deutschen ist es wohl schwer zu verstehen: Die Wirtschaft ist ein Kreislauf. Meine Ausgaben sind Ihr Einkommen, Ihre Ausgaben sind mein Einkommen. Wenn nun jeder gleichzeitig weniger ausgibt, dann fallen die Einkommen und die Wirtschaft schrumpft. Wenn also der private Sektor überschuldet ist und kürzt, und dann auch der staatliche Sektor die Ausgaben zurückfährt, wer soll dann noch kaufen? Es kann einfach nicht funktionieren, wenn es alle zur selben Zeit tun.
Wenn das so klar ist, warum halten die Europäer dann trotzdem an der Austeritätspolitik fest?
Die Erklärung, die es am ehesten verzeihlich macht, lautet, dass die Deutschen ihre eigene Erfahrung zum Modell gemacht haben. Sie sagen, wir haben Sparpolitik betrieben, als wir 1999/2000 in die Krise kamen, und jetzt geht es uns gut. Können die anderen Länder es nicht genauso machen? Die Antwort ist natürlich: Deutschland konnte mit massiven Handelsüberschüssen wirtschaften und damit seine Einnahmen trotz Einsparungen im Staatshaushalt halten, weil es diesen großen schuldenfinanzierten Boom in Spanien und den anderen Ländern gab. Nun sagt Deutschland den anderen Staaten, ihr müsst machen, was wir getan haben. Aber es sagt auch, wir werden nicht tun, was ihr getan habt.
Schulden machen und mehr importieren als exportieren?
Genau. Deutschland sieht nur die eigene Erfahrung und denkt, Austerität hat bei uns funktioniert, und versteht nicht, dass es immer auf den Kontext ankommt. Aber es gibt auch andere Motive, etwa bei den vielen Leuten, die ohnehin entschlossen sind, den Sozialstaat zu kürzen.
Und warum dieser rechthaberische Duktus der Troika?
Zahlreiche psychologischen und soziologischen Studien zeigen,

dass Menschen, die feste Überzeugungen haben, ihre Meinung nicht durch wissenschaftliche Beweise ändern. Und je mehr sie darüber wissen, desto härter wehren sie sich dagegen. Daher ist es nicht so überraschend. Die Menschen haben ihre eigene Wertvorstellungen, und wenn man ihnen sagt, diese Werte haben nach allen Regeln der Mathematik keinen Sinn, dann werden sie nur wütend. Ihre Meinung ändern sie aber nicht.

Sie meinen, das Argument von den exzessiven Staatsausgaben ist nur ein Vorwand, um eine andere Politik durchzusetzen?
Ich sage nicht, dass dies bewusst geschieht, aber für manche passt es gut zu ihren politischen Prioritäten, und dann verfallen sie auf diese Theorien, die ins Desaster führen. Und dann gibt es auch noch die Moralisten, die zornig werden, wenn man ihnen vorrechnet, dass ihr Ansatz einfach nicht aufgeht.

Was meinen Sie mit Moralisten?
Na ja, diese Sache mit den bösen Schulden. Als jemand, der Englisch spricht, frage ich mich, ob die Tatsache, dass im Deutschen die Worte «Schulden» und «Schuld» fast gleich lauten, da eine Rolle spielt.

Sie meinen, dass der Schuldner auch als schuldig angesehen wird?
Ja, obwohl der Kredit eine zentrale Funktion unserer Wirtschaft ist. Darum finde ich es auch bemerkenswert, dass die ganze Verantwortung in Europa nur den Schuldnern auferlegt wird. Dabei ist doch klar, wenn jemand ohne ordentliche Prüfung einen Kredit vergibt und die Sache läuft schief, dann muss auch der Gläubiger einen Teil des Verlusts tragen. In Europa müssen aber die Schuldner alles allein zahlen.

Aber selbst wenn die Gläubiger in Griechenland mit einem frühen Schuldenerlass einen Teil der Last übernommen hätten, hätte die griechische Regierung sparen müssen. Dort war das Haushaltsdefizit unbestreitbar auch ohne Krise viel zu hoch.
Das stimmt, in Griechenland war eine gewisse Sparpolitik vermutlich nicht zu vermeiden. Aber doch nicht in dieser Größenordnung! Dort wurden in zwei Jahren Ausgabenkürzungen und Steuererhöhungen in Höhe von 15 Prozent des Bruttoinlandprodukts verhängt. Ein paar Prozent ja, aber doch nicht 15. So etwas ist

unglaublich destruktiv und hat die wirtschaftliche Lage des Landes nun ganz sicher nicht verbessert.
Das hätte aber bedeutet, dass man Griechenland noch mehr Geld hätte leihen müssen, um dem Land mehr Zeit für die Anpassung zu verschaffen.
Aber weit weniger, als es dann später nötig war. Die Austerität hat Griechenlands Wirtschaft so stark schrumpfen lassen, dass auch die Einnahmen drastisch gefallen sind. Darum hätte eine mildere Sparpolitik allenfalls etwas mehr Geld gebraucht. Aber dafür würde es dem Land jetzt viel besser gehen.

Frau *(im Publikum, erhebt sich)*: Aus meiner Sicht – ich bin Religionswissenschaftlerin – hat Professor Krugman einen wichtigen Punkt getroffen. Schulden haben in den christlich geprägten kapitalistischen Ländern eine religiöse Bedeutung. Besonders im Deutschen, und ganz besonders im evangelisch-pietistisch geprägten Süddeutschland, wo Finanzminister Schäuble herkommt. Eine deutsche Umfrage von 2011 zeigt, dass Protestanten sich mehr Sorgen über Schulden und Eurokrise machen als Katholiken, die es gewöhnt sind, dass ihre Schuld nach dem Beichten vergeben wird. Die typische schwäbische Hausfrau aber macht keine Schulden, sie sieht sie als Last und Laster. Sie sieht sich arbeitsam und rechtschaffen, während die da unten in den katholischen Mittelmeerländern auf der faulen Haut liegen und dolce vita genießen. Es steckt wohl auch Neid drin auf Leute, die vermeintlich oder tatsächlich wissen, wie man ein gutes Leben führt – schließlich kennen Deutsche Griechenland, Spanien und Portugal als Urlaubsländer, in denen sie selbst in der Hängematte liegen.

Mann *(im Publikum, erhebt sich ebenfalls)*: Das ist verrückt, denn Kapitalismus funktioniert niemals ohne Schulden, ohne Pump. Aber als Ökonom gebe ich Ihnen Recht, hierzulande verwechseln Politiker Betriebswirtschaft mit Volkswirtschaft. Und einfache Menschen verwechseln ihren heimischen Haushalt, wo Schulden tatsächlich oft schaden, mit dem Staatshaushalt, der gar nicht ohne Schulden auskommen kann.

Anderer Mann: Ist das die ganze Erklärung? Aus meiner Sicht – ich arbeite im Krankenhaus – hat der griechische Sozialarzt Georgis Vichas recht: Sie haben eine Ideologie. Wer kein Geld hat, muss sterben.

Frau: Aber diese Ideologie ist widersprüchlich und irrational. Wir haben es alle gehört: In Griechenland und Portugal protestierten selbst die Unternehmerverbände gegen die weitere Senkung der Mindestlöhne. Das hat die Troika aber nicht interessiert! Sie hat explizit gegen die Interessen der nationalen Unternehmer agiert – und diesen geschadet.

Ökonom: Aus meiner Sicht ist das auch durch den wichtigen Unterschied zwischen Real- und Finanzkapitalisten zu erklären. Realkapitalisten wollen Stabilität, verlässliche Märkte und Preise für ihre Produkte. Finanzkapitalisten wollen Instabilität, weil sie Börsenschwankungen für ihre Spekulationen nutzen. Sie leben von der Instabilität, der monetären Auspressung kleinster Unterschiede zwischen Währungen und Aktienkursen.

Demonstrantin auf der Bühne: Naomi Klein nennt das Schock-Kapitalismus. Dem IWF und der Troika geht es aus ihrer und meiner Sicht darum, Bevölkerungen so unter Schock und Sozialstress zu setzen, dass sie die härtesten Kürzungen und Privatisierungen zugunsten der Superreichen akzeptieren. Der IWF agiert im Interesse globaler Konzerne, nicht nationaler kleiner und mittelständischer Unternehmer.

Erzählerin: Aber was treibt den Bundesfinanzminister, in deren Interesse zu agieren? Schäuble kann man vieles unterstellen – aber er ist definitiv kein Angestellter von Goldman Sachs.

Frau: Als Sozialpsychologin und Psychoanalytikerin möchte ich darauf hinweisen, dass er ein Kriegskind ist, geboren 1942, das wohl viel Bedrohung erlebt hat und die erfahrene Härte jetzt weitergibt an andere. Die strenggläubigen süddeutschen Pietisten, in deren Milieu er aufgewachsen ist, zählen zu den Evangelikalen, die in ökonomischer Leistung und monetärem Erfolg – schaffe, schaffe, Häusle baue – ein Zeichen der Auserwähltheit sehen. Schäuble sieht sich als Hüter des harten Euro, und deshalb ist er Exekutor der internationalen Finanzindustrie und fühlt sich ihr verpflichtet.

Zudem hatte er wohl auch persönliche Motive. Nicht nur Alexis Tsipras vermutet Rachsucht. Rachsucht dafür, dass die Griechen eine linke Regierung an die Macht wählten, die dem alten Patriarchen zu widersprechen wagte und über den Mund fuhr, die andere Spielregeln durchsetzen wollte und zumindest eines erreicht hat: All die Erpressungsmethoden, die Politik der Pistole-an-der-Schläfe, die früher hinter den Kulissen und dichten dunklen Theatervorhängen liefen, wurden endlich öffentlich. Europaweit, ja weltweit konnte man den Mördern der Demokratie zusehen. Das Motiv heißt also Rache für das Scheinwerferlicht der Öffentlichkeit.

Und das Motiv heißt auch TINA: «There is no alternative», wie schon Maggie Thatcher postulierte. Eine alternative Politik in Europa darf nicht sein, Tsipras muss entweder gestürzt oder moralisch desavouiert werden. Denn mit seinem Erfolg würde nicht nur die Troika entthront, sondern auch der Patriarch mit der verbitterten Miene. Seit 1990, seit dem Attentat eines psychisch kranken Mannes auf ihn, muss er von der Hüfte abwärts gelähmt sich mit zusammengebissenen Zähnen in seinem Rollstuhl beweisen, dass er zumindest politisch nicht gelähmt ist, sondern hochpotent.

Erzählerin: Es gibt noch etwas, das ich nicht verstehe: Warum greifen verarmte Menschen nicht die wirklich Verantwortlichen an? Weshalb jagen die Griechen nicht endlich ihre superreiche Elite davon, die sich jahrelang auf ihre Kosten bereichert hat? Warum glauben BILD-Leser das Märchen von den faulen Griechen, statt zu sehen, dass sich in Wahrheit die vermögenden Anleger von Deutscher Bank & Co in die Hängematte gelegt und sich an den «Hilfsgeldern» für Griechenland dumm und dämlich verdient haben?

Mann: Weil sich in hierarchisch geordneten Gesellschaften die Unteren gerne ideologisch an den über ihnen Stehenden ausrichten. Niemand will zu den Verlierern gehören und zu «denen da unten», alle denken, sie seien Mittelschicht und könnten noch weiter aufsteigen. So kann Solidarität nicht entstehen.

Frau: Aber ich möchte daran festhalten, dass sie dennoch möglich ist. Das zeigt ja Griechenland eindrücklich. Deutschland wählte nach der Weltwirtschaftskrise von 1929 immer mehr rechtsradikal. In Griechenland gibt es leider auch Neonazis, aber die Menschen haben vor allem Syriza gewählt, die Partei, die die solidarische Ökonomie hochhält.

Erzählerin: Ich verstehe auch nicht, warum Politiker oft explizit gegen die Interessen ihres Landes handeln – etwa der konservative spanische Wirtschaftminister, der den Banken alle Vorrechte vor der eigenen Bevölkerung einräumt. Solche Politiker geben Kranken- und Rentenversicherungen oder Tarifregelungen preis, die Erwerbstätige in jahrzehntelangen Kämpfen dem Staat abgerungen haben. Warum wollen die Europäer amerikanischer sein als die Amerikaner?

Ökonom: Das liegt wahrscheinlich am Drehtüreffekt. Ökonomen und Banker gehen zur Tür rein und kommen als Politiker wieder aus und umgekehrt. In Griechenland war vor der Syriza-Regierung ein EZB-Mann Regierungschef, die französische Finanzministerin wurde IWF-Chefin, und Strauss-Kahn war zuerst Politiker, dann IWF-Direktor, bevor er französischer Präsident werden wollte, und so weiter und so fort.

Demonstrantin: Wir haben doch gehört: Strauss-Kahn wollte 2010 französischer Präsident werden und deshalb die französischen Banken schonen, Merkel wollte 2010 die NRW-Wahlen für die CDU gewinnen und nicht zugeben, dass es bei den Notkrediten für Griechenland doch wieder um die Rettung der deutschen Banken ging. Die Deutschen profitieren von dem ganzen Spiel am meisten, ökonomisch wie politisch, und sie dominieren in Brüssel. Sie sehen nicht, dass sie Europa zerstören und den rechtsradikalen Kräften Auftrieb geben. Denn wer soll jetzt noch an das Märchen glauben, dass in Europa Demokratie herrscht? Neonazis sagen: Seht, hier hat die jüdische Finanzaristokratie das Sagen!

Erzählerin: Politiker haben ihre eigenen Motive, klar. Aber diese Troika-Technokraten – was treibt sie an? Ich will jetzt mal zu ihren Gunsten unterstellen, dass sie sich nicht persönlich in den Krisenländern bereichern.

Sozialpsychologin: Meine Erklärung ist: Sie betreiben Power Grabbing. Blasse Beamte bekommen plötzlich eine ungeheure Macht und nutzen diese schamlos aus. Man weiß doch aus vielen Experimenten und Studien: Wenn Menschen wissen, dass sie keinerlei Sanktionen zu befürchten haben, werden sie völlig skrupellos. Macht korrumpiert. Absolute Macht korrumpiert absolut.

Andere Frau: Es sind zu lange Handlungsketten. Beamte in Brüssel bekommen nicht mit, was ihre absurden Zahlenspiele bewirken. Privat sind sie womöglich liebevolle Familienväter, die niemanden umbringen wollen. Sie schotten sich ab vor den Folgen, sie sehen nichts, wenn sie alle paar Monate in ein Krisenland einfliegen, in Luxuslimousinen ein- und Luxushotels absteigen. Wie der IWF-Dissident Batista sagte: Sie sind so weit weg von den Problemen. An geschützten Orten wie Washington oder Brüssel kann man die Existenzsorgen der Menschen nicht erfühlen.

Mann: Das beantwortet aber noch nicht die Frage, warum viele dieser Euro-Technokraten die neoliberale Ideologie eifriger verfolgen als ihre US-Glaubensbrüder. Dort glaubt man nicht, dass Schulden etwas Böses sind. Aber in Brüssel. Oder auch in Portugal und Spanien, wo konservative Regierungen in einzigartig unterwürfiger Art diese Doktrinen durchgezogen haben. Den Schaden werden kommende Generationen noch jahrzehntelang abtragen müssen.

Erzähler: Dazu hat der irische Ökonom James Stewart Erhellendes zu sagen.

James Stewart *(von der Leinwand)*: Es ist außergewöhnlich, wie engstirnig ihre Weltanschauung ist. Sie konnten die Kontrolle über Institutionen übernehmen, die Einfluss auf das Leben von Millionen Menschen in der Eurozone haben. Das ist ein außerordentlicher Vorgang. Diese ideologische Einseitigkeit ist sehr schwer zu erklären.
Wie konnten sie die ganze EU-Kommission übernehmen?
Ich glaube, es kam so: Als sie ihre Ämter übernahmen, war das neoklassische, neoliberale Paradigma vorherrschend: Staatsschulden sind schlecht, ein großer Staatsapparat auch. Je weniger Staat, umso besser. Die Entscheidungen in der Privatwirtschaft sind immer gut, die im öffentlichen Sektor immer schlecht. Das war die herrschende Ideologie, als diese Leute an die Macht kamen und in ihre Ämter.
Vor 20 Jahren!
Vor 20 Jahren. Und sie sind immer noch da. Sie haben nichts gelernt. Aber senden Sie das nicht! (lacht)

Erzählerin: Vielleicht stimmen ja alle Argumente zusammen. Oder von jedem etwas.

In der antiken Tragödie kämpfen Helden gegen Götter und verstricken sich dabei so tragisch in ihr Schicksal, dass eine ausweglose Lage entsteht, dass auch die Heroen am Ende schuldlos schuldig werden. So ähnlich wie die Syriza-Regierung, die über den Kampf mit den Geldgöttern in Konflikt mit ihren eigenen Grundsätzen geriet. Sie gewann ihr Referendum und musste doch akzeptieren, dass in der zweiten Verhandlungsrunde in Brüssel alles noch viel schlimmer kam. Tsipras sieht sich jetzt gezwungen, ein «Reform»-Programm zu exekutieren, an das er, wie er sagt, nicht glaubt.

Mit archaischer Wucht setzte sich der alte Patriarch Schäuble gegen die jungen Rebellen durch. Wenn man so will, ein umgekehrtes Ödipus-Drama: Ein Vater, der rebellische Söhne beseitigen oder politisch kastrieren will.

Das besonders Tragische an dieser griechischen Tragödie ist, dass sie mit politischen Willen vergleichsweise leicht zu lösen gewesen wäre. Die Gläubiger hätten bloß eingestehen müssen, dass Kürzungspolitik nicht funktioniert – was anhand ihrer selbstgesetzten ökonomischen Kennziffern leicht ablesbar ist. Und sie hätten die Schulden so umstrukturieren können, dass nicht mit jedem neue Notkreditprogramm der Euroländer alte Schulden bezahlt werden müssen, ohne dass auch nur ein Cent in der griechischen Realwirtschaft ankommt. Schulden, um Schulden zu bezahlen, um Schulden zu bezahlen, um Schulden.... das ist doch absurdes Theater.

Dabei gab es etliche tragfähige Alternativvorschläge. Die EU-Staaten hätten beispielsweise ihre Forderungen an bilaterale öffentliche Investitionsfonds überschreiben können. Die hätten sinnvolle ökosoziale Wirtschaftsprojekte fördern können, etwa im Bereich erneuerbare Energien oder Lebensmittelverarbeitung.

Sinn alles Wirtschaftens sollte doch sein, dass wir alle ein gutes Leben in einer freundlichen Gesellschaft führen können. Die Polis, die Bürgerschaft, die lebendigen Menschen – all das ist unendlich viel wichtiger als das Geld. Das Geld ist nur ein Mittel, es darf nicht länger Selbstzweck sein, vor dem wir dienern und knicksen. Wenn überhaupt dienern, dann vor der Demokratie.

Aber Dimokratía und Europa sind tot. Umgebracht in Hellas, ihrer antiken Heimstatt. Der Ehrlichkeit halber sollte die Troika das heutige Griechenland umbenennen in Protektoratis Troikanos.

(besinnt sich) Doch ist Dimokratía wirklich tot? Können Ideen und Sehnsüchte sterben? Kann das Ringen um Gerechtigkeit sterben?

Ich glaube eher: Schäuble und seine Unterlinge haben einen Pyrrhus-Sieg errungen. Wie Varoufakis in seiner unnachahmlich direkten Art sagte: Tsipras habe die Wahl gehabt zwischen Exekution und Kapitulation. Das Troika-Programm werde scheitern, «egal wer sich um die Umsetzung kümmert», nein, «es ist bereits gescheitert». Griechenland sei einem Programm unterworfen, «das als größtes Desaster volkswirtschaftlichen Managements in die Geschichte eingehen wird».

Ach ja, auch der Pyrrhus-Sieg ist ein Begriff aus der griechischen Antike. König Pyrrhos I., übersetzt der «Feuerkopf», soll 279 vor unserer Zeitrechnung nach seinem Sieg über die Römer einem Vertrauten gesagt haben: «Noch so ein Sieg, und wir sind verloren!»

Lautloser Exodos aller Personen von der Bühne.

Ein nachtschwarzer Vorhang fällt.

Die schwäbische Hausfrau kehrt in ihrem Abgang wieder um, tritt vor den Vorhang und nimmt ihr Kopftuch ab: Ich trete zurück.
Um einer echten Katharsis willen.

Bücher aus der edition Zeitpunkt

Das nächste Geld
Die privaten Banken schöpfen Geld, jedes Mal, wenn sie einen Kredit verleihen. Damit entsteht aus dem Nichts ein Guthaben, das gleich bleibt und eine Forderung, die mit dem Zins ständig wächst. Deshalb sind die Schulden weltweit heute so gross, dass sie mit der gesamten vorhandenen Geldmenge nicht mehr bezahlt werden können.
Der Autor erklärt eingängig und scharf, wo die Systemfehler des Geldes liegen, wie sie in der Geschichte wirkten und wie sie behoben werden können. Die Überwindung des kollektiven Irrtums ist möglich, aber es braucht ein breites Verständnis des Geldes und einen demokratischen Aufbruch. Dieses Buch liefert die Grundlagen.

Christoph Pfluger: Das nächste Geld – die zehn Fallgruben des Geldsystems und wie wir sie überwinden. edition Zeitpunkt, 2015. 252 S., Fr. 23.–/€ 21.– ISBN: 978-3-9523955-3-0

Das Buch zur wichtigsten Volksinitiative seit Jahrzehnten: Drei hochkompetente Autoren erklären die Geldschöpfung, ihre Probleme und eine überzeugende Lösung: die Vollgeld-Reform.
Hans Christoph Binswanger beschäftigt sich seit Jahrzehnten als em. Professor der Hochschule St. Gallen mit Fragen der Geldschöpfung. Joseph Huber hat als Professor em. für Wirtschafts- und Umweltsoziologie der Universität Halle das Vollgeld-Konzept entwickelt. Und der em. Professor für Staatsrecht der Hochschule St. Gallen, Philippe Mastronardi, hat den Verfassungstext zur Vollgeld-Reform und zur Neugestaltung des Bankwesens geschrieben, über den die Schweiz in naher Zukunft abstimmen wird.

Verein Monetäre Modernisierung (Hrsg.): Die Vollgeld-Reform – wie Staatsschulden abgebaut und Finanzkrisen verhindert werden können. Mit Beiträgen von Hans Christoph Binswanger, Joseph Huber, Philippe Mastronardi und einer Einleitung von Mark Joób. edition Zeitpunkt, 4. Aufl., 2015. 84 S. Fr.12.50/€ 10.01. ISBN: 978-3-9523955-0-9

Niemand schrumpft zivilisierter. Die japanische Krankheit spitzt sich unaufhaltsam zu: Mit einer Staatsverschuldung, die bei 240 Prozent seines Bruttoinlandproduktes liegt und der Aussicht, ein Drittel seiner heutigen Bevölkerung zu verlieren, muss Japan heute als erstes OECD-Land den Übergang in die Postwachstumsgesellschaft gestalten. Seine Bevölkerung erträgt diesen Wandel trotz Prekarisierung der Arbeitswelt bisher mit bemerkenswerter Disziplin, ja sogar mit einer gewissen Anmut.

Die Philosophin und Nachhaltigkeitsforscherin Christine Ax nimmt Sie mit auf die Reise in ein Land, das zehn Jahre tiefer in einem Problem steckt, das den übrigen Ländern des Westens erst noch bevorsteht.

Christine Ax: Reise ins Land der untergehenden Sonne – Japans Weg in die Postwachstumsgesellschaft. edition Zeitpunkt, 2014. 80 S. Fr. 12.50/€ 10.01.
ISBN: 978-3-9523955-1-6

Hier ist ein Mensch, der lebt, was er denkt, und tut, was er sagt. Die «aphoristische Denkprosa» von Erwin Jakob Schatzmann ist nicht das Resultat endloser Grübelei oder gestauter Wut, sondern das Ergebnis eines kompromisslosen Lebens. In seinem «Morgenland», einem Hüttendorf am Rande von Winterthur arbeitet der Maler und Bildhauer frei nach dem Motto: «Wer Kunst macht, macht; er macht nicht mit.» So entstand ein Werk, das er als «phantastischen Heimatstil» bezeichnet, als «Kunst eines Volkes, das es noch nicht gibt.» Wie dieses Volk denkt, zu dem wir alle gehören könnten, fasst ein weiteres Stück Denkprosa aus Schatzmanns Schreibmaschine zusammen: «Dein Leiden interessiert niemanden – nur deine Antwort darauf.»

395 weitere Antworten gibt es in «unverblümt» zu entdecken. Schatzmann hat internationales Format, im besten Sinne des Wortes: «Es ist egal, welcher Nation du angehörst, Hauptsache nicht der Resig-Nation.»

Erwin Jakob Schatzmann: unverblümt – aphoristische Denkprosa. Edition Zeitpunkt, 2015. 148 Seiten, mit 13 ganzseitigen farb. Abb. Geb. Fr. 18.–/€ 16.–. Erscheint im September 2015. ISBN 978-3-9523955-2-3

Veränderungen kann man nicht bestellen,
aber die Anregungen dazu!

Der Zeitpunkt ist die gepflegte Alternative zur Gleichschaltung der Massenmedien. Er bietet Journalismus mit Kopf, Herz und Hand für intelligente Optimistinnen und konstruktive Skeptiker. Er putzt trübe Scheiben, macht Mut und vernetzt mit Organisationen, in denen Pioniergeist weht.

Der Zeitpunkt erscheint zweimonatlich und zeigt, wie die grossen Schwierigkeiten dieser Zeit zur grossen Chance werden.

Einzelnummer: Fr. 10.–/€ 10.–. Der Abobeitrag wird von den Lesern selbst bestimmt. www.zeitpunkt.ch